恋人がいなくても クリスマスをワクワク過ごせる 人の考え方

—常識を疑うことから始めよう—

ひすいこたろう・石井しおり

祥伝社黄金文庫

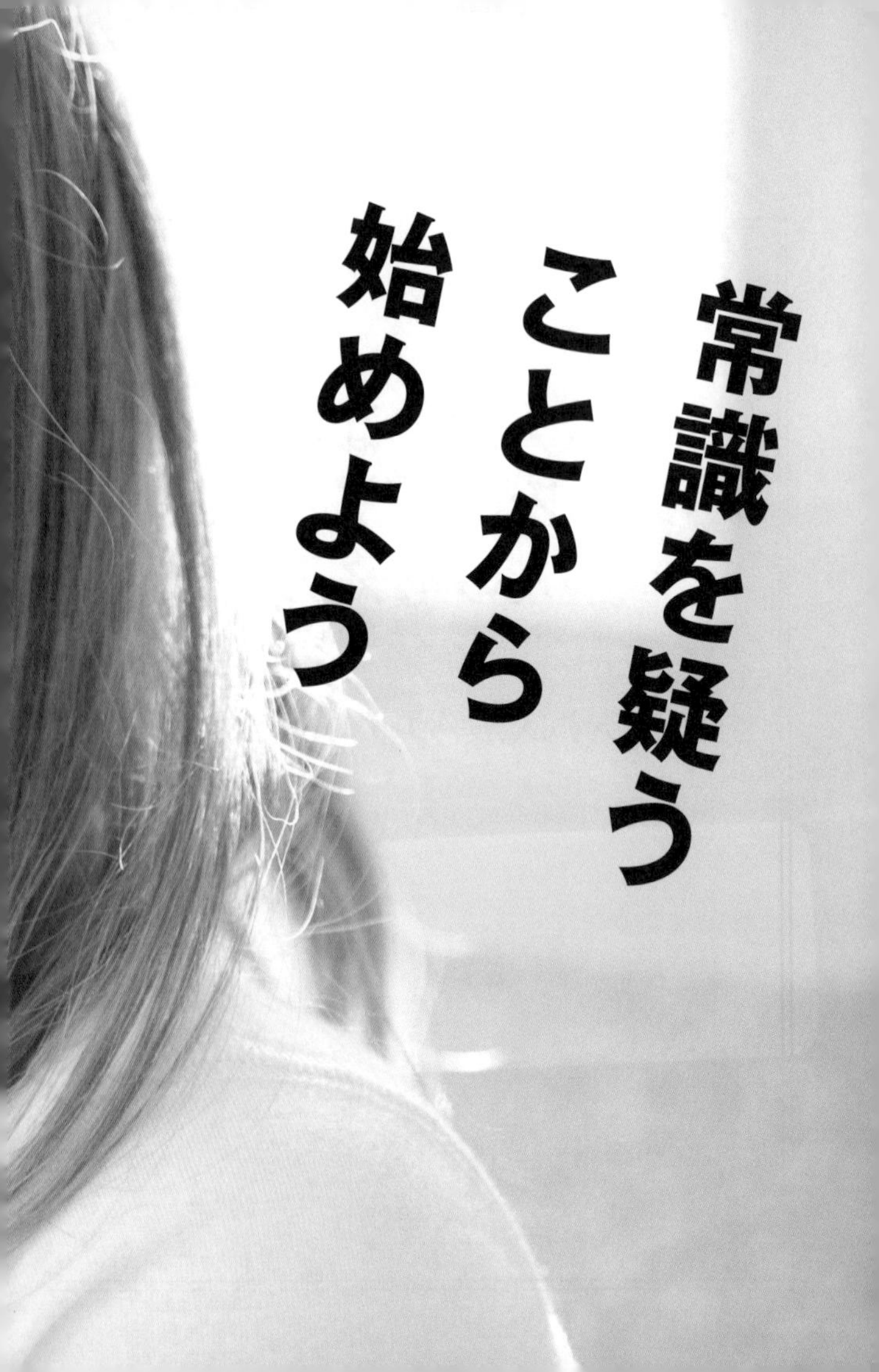
常識を疑う
ことから
始めよう

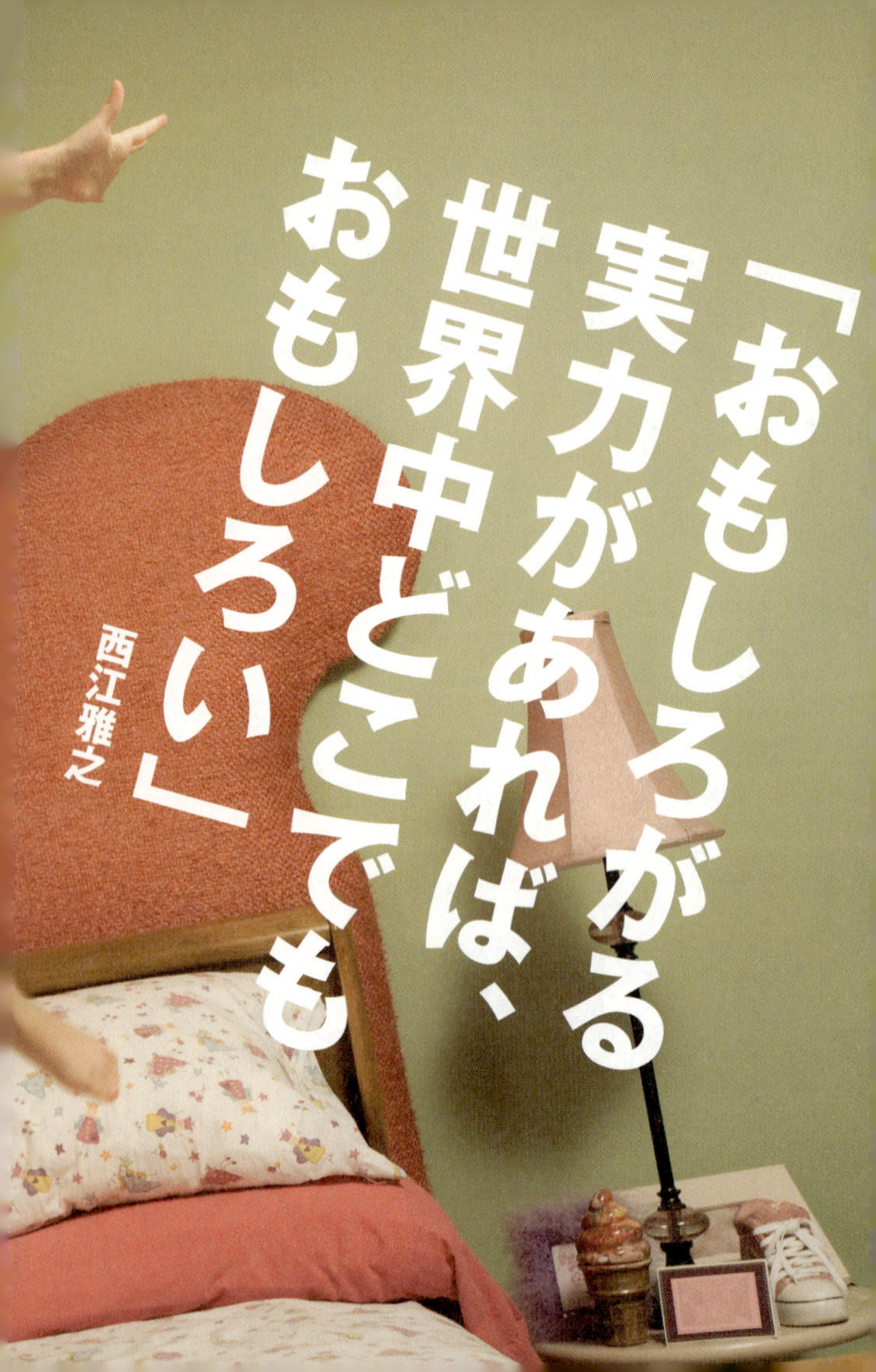
「おもしろがる
実力があれば、
世界中どこでも
おもしろい」
西江雅之

まえがき

いきなりですが、あなたの頭のしなやかさをはかるテストをしましょう。

〈問題〉

左の9つの点を最大4本の線で結んでください。一筆書きで、ペンは紙から離さないようにしてください。

ページをめくると答えが書いてありますから、ちゃんと考えてからページをめくってくださいね。

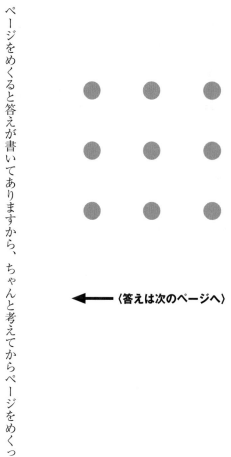

←〈答えは次のページへ〉

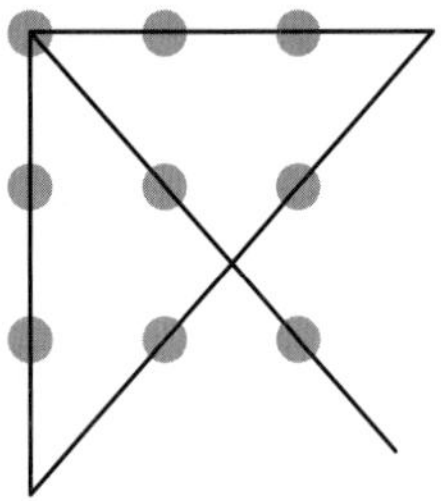

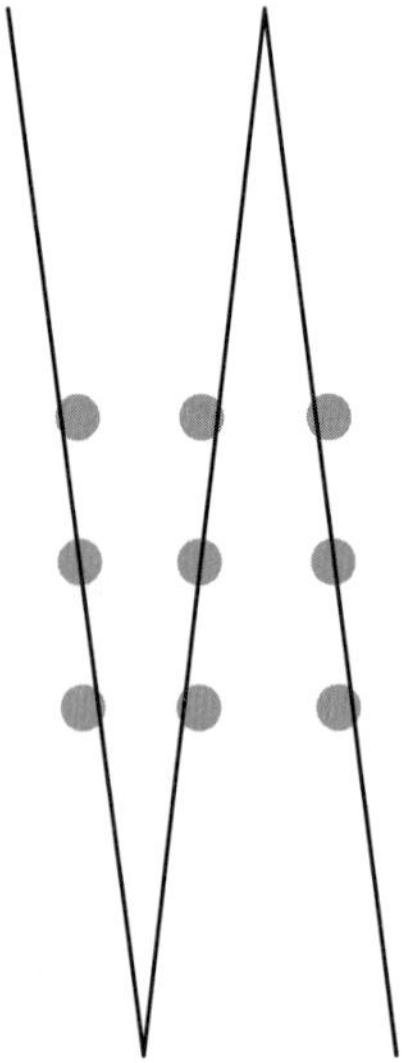

こちらが解答になります。いかがでしたか?
有名な問題なので、答えを知っている方もいたかもしれませんが、
この問題を解くカギになるのは、

「枠」の外に出られたかどうかです。

僕らは、知らず知らずのうちに、枠の中で思考を制限し、小さく自分を縛ってしまっています。

また、このテスト、多くの人は4本の線で考えていたと思うのです。でも、そこを疑ってもよかった。「1本でできるとしたら」と考えてみましたか？

実は1本でもできるんです。

巨大な超極太ペンを使って、まっすぐ1本線を引くだけ。単純明快です。

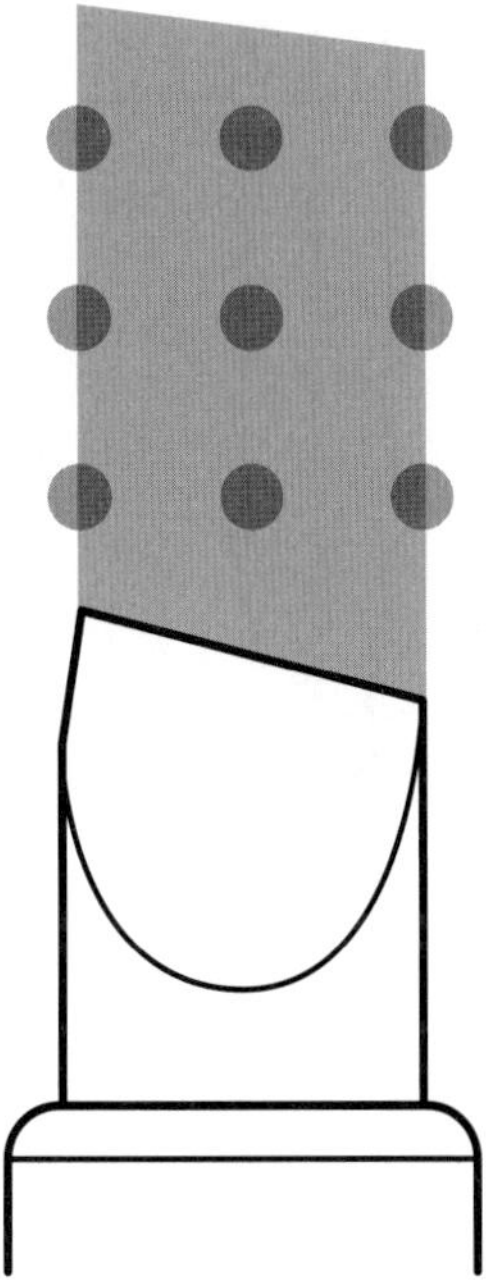

さらに紙を破って、このように1本の線で結んでもいい。かなり強引ですけど、紙を破ってはいけないとは書いていない（笑）。

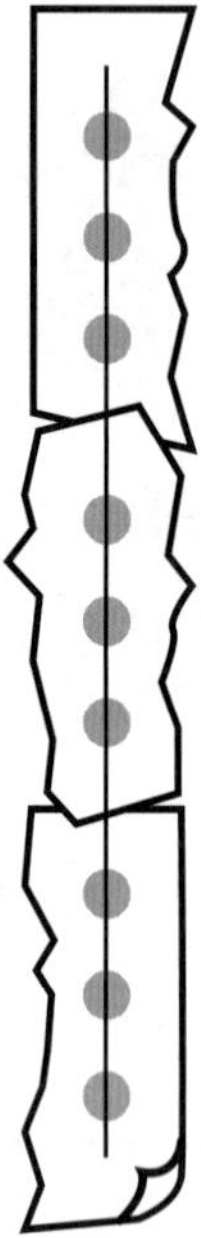

こんな方法だってあります。

一番上に並んでいる3個の丸の上を線で引き、そのまま地球を1周し、次は、まん中の列を通りすぎ、地球をもう1周。そして、また戻ってきたところで、残った一番下の3個の丸のうえを通って完了です（地球儀に紙を貼って同じことをすれば、線は短くてすみます）。

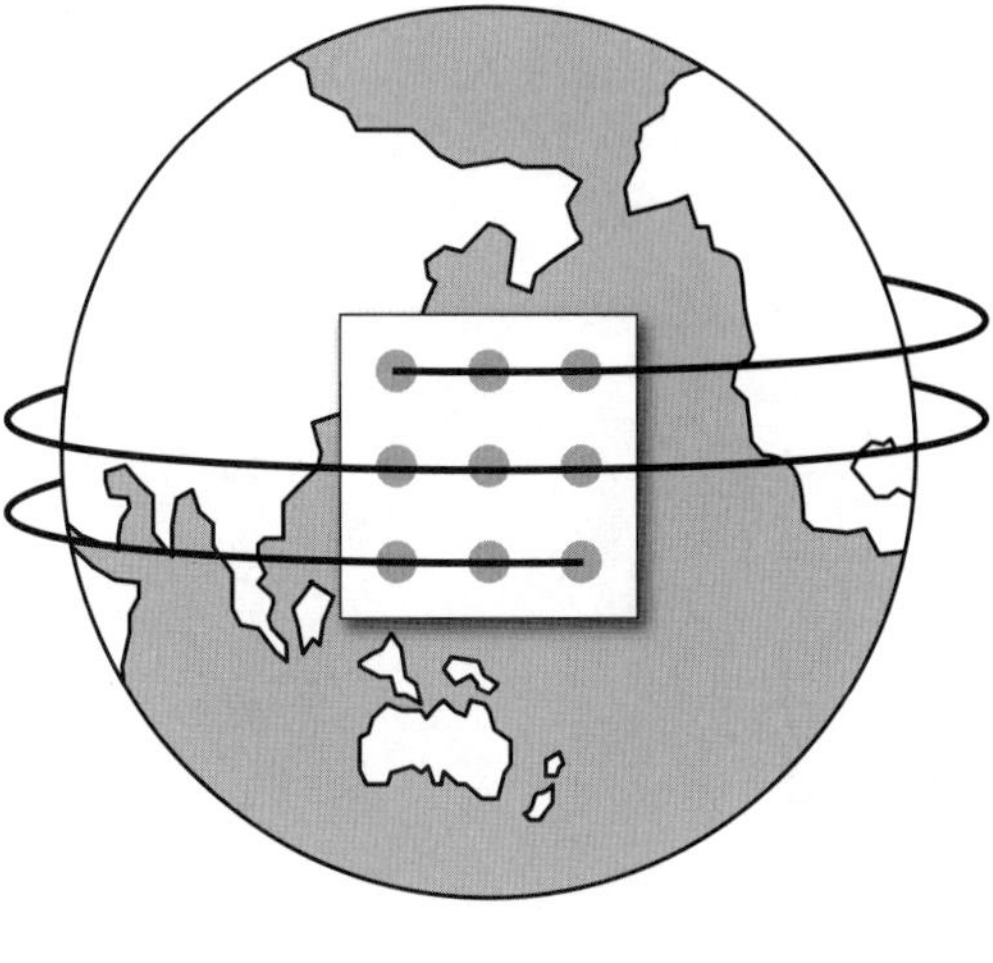

正解はひとつじゃないんです。それは人生も同じ。

もっと、もっと、枠の外に出ていいんです。

もっと、もっと、自由に遊んでいいんです。

そのためには、あなたの思い込み（常識）を一度疑ってみることです。

人は大人になるにつれ、

「負けてはいけない」

「恥をかいてはいけない」

「皆と仲良くすべき」

「まじめであるべき」

などと、たくさんの「いけない」と「べき」で自分を縛っていきます。

自分で自分の力を制限している。

だから、毎日、疲れるんです。

人は部屋が散らかると、ちゃんと整理整頓するのに、
頭の中は一度も整理整頓したことがない。
だからこそ、そうであると思い込んでいる常識を一度疑ってみるといいのです。

あなたを小さく縛る常識ならば、それはドンドン手放せばいい。
すると、あなたの心は本来のエネルギーを取り戻し、もっとイキイキしてきます。
「元」の「気」に戻れば、人は本来「元気」になるのです。

「人生とは自分探しではない。自分を創造することだ」

常識を疑うのは、もっと自由に人生を創造するためです。

この本は、あなたを縛っている「思い込み」をほどいていく名言とエピソードをプレゼントします。

常識が「ほどけ」きった状態が、いわゆる「ほとけ」です。

その常識は、自分で結んだだけなのだから、ほどくのは簡単です。

では、これからひとつひとつあなたの思い込みをほどいていきましょう。

あなた次第で、世界はいくらでも面白くできるのです。


あ、最後に、またクイズです。

本書のタイトルの「恋人がいなくてもクリスマスをワクワク過ごせる人の考え方」。

その話は、本書のどこかに載っていますので、まずは、どうしたら、恋人がいなくてもクリスマスをワクワク過ごせるのか、ちゃんと考えてからこの先を読み進めてくださいね。


恋人がいないクリスマス……。

普通なら、しょんぼり過ごすことになりますよね。

でも、考え方次第では、彼女がいないからこそ史上最高のクリスマスにすることだってできるんです。

どんな方法か、まあ、それはこの後のお楽しみに……。

では始めましょう。

目次
CONTENTS

装丁 井上新八
DTP J-ART

EPISODE 1

最悪の家族旅行

自由な発想をするあの人は
才能があるからと
思っているあなたへ

「問題が解決できないのは、きみがルール通りにプレーしているからだ」

――――ポール・アーデン（広告クリエーター）

出典「大事なのは今のあなたじゃない。この先、どのくらい上を目指そうと思っているかだ」ポール・アーデン／ファイドン

常識にとらわれず、自由に、しなやかに生きるためには、あることを知っていなければいけません。

それは、人生には正解がいくつもあるということ。

たとえばこの問題。

「椅子が7個あります。子供は10人。座れない子は何人いますか？」

普通に考えたら、座れない子は3人。でも、答えはいくつもあると知っていたら、

7人は座れるのに、3人は座れないなんて悲しいから、みんなで座れる方法を考えてみようと発想することだってできます。

ステップ1　正解はいくつもあるんだから、
ステップ2　「座れない」という前提を疑い、
ステップ3　「座れるとしたら」と前提を変えて考えてみる。

すると、「7つの椅子を輪にならべて繋《つな》げば、みんな座れる」という発想が出てきたりします。

また、「なんで椅子が必要なのか？」と、そもそもの目的をはっきりさせると、アイデアがさらに広がります。「立っていると、大変だから」という理由だったら、「じゃあ、椅子じゃなくてもいいよね。椅子を撤収して、レジャーシートを敷いてみんなで床に座ろう」というアイデアでもいい。

前提を疑い、前提を変えてみる。

これが自由な発想をするコツです。

スタンフォード大学のティナ・シーリグ先生はこう言っています。

「5＋5はいくつですか？」という問題の答えは10になりますが、同じ10という答えを導く方法として「何と何を足せば10になりますか？」という質問に変えると答えは無限になると。

ティナ先生は、何かアイデアを出すときに大事なのは「前提」（質問の設定の仕方）だといいます。

例えば、好きな子ができたら、

「どうしたら、あの子とつきあえるだろう？」と考えるのと

「どうしたら、あの子は涙ぐむほど喜んでくれるだろう？」

と考えるのでは、出てくる答えはまったく変わります。

ティナ先生の授業で、こんな課題が出されたことがありました。

「最悪の家族旅行を考えて下さい」

（NHK　Eテレ／「スタンフォード白熱教室」より）

人間、最高の状態を想像するのは意外に難しいものですが、最悪の状態というのは、どんどん想像が膨らみます。「最高」ではなく、「最悪」、前提を逆転させて考えてみたのです。


最悪の家族旅行として、あるグループからはこんなアイデアが出ました。

最悪のホテルに泊まり、虫は出るわ、食事もまずい。

また、あるグループは、行く先のわからない旅で、何時間も狭い飛行機のシートに縛られるというアイデアも出ました。

またあるグループは、家族で出かけているのに引き離されてしまうというもの。

次にティナ先生はその最悪な旅行のアイデアを各グループ間でシャッフルし、こう言いました。

「さて、これから皆さんには旅行会社の社員になったつもりで、それぞれ手元にある旅行のアイデアでパックツアーを売り出してください。そしてそのツアーのＣＭを作ってください」

学生たちは騒然とします。目の前にあるアイデアは他のグループが作った最悪な家族旅行プランだからです。


その最悪のプランを売り出すためにはどうすればいいか？

と、ここでもまた前提を逆転させています。


学生たちは頭を悩ませますが、結果的に、こんなツアーを考え出しました。

最悪のホテルに泊まるアイデアからは、肝試しホラーツアーに。

行く先の分からない旅行は、お楽しみサプライズツアーに。

家族が引き離される旅行は、家族を取り戻すアドベンチャーツアーに。

これ、「ユニークな家族旅行を考えてみよう」という前提では、とても思いもつかないようなアイデアになっています。

行き詰まったときは、問題を違う角度で眺めたり、異なるアイデアの持ち主と意見をシャッフルすることで、まったく違う答えを引き出せます。

「前提」（フレーム）を疑って、前提を少し変えただけで、発想は大きく広がっていくのです。

例えば、クリスマスが2週間後に迫っているのに、恋人がいない。こんなとき、「どうやって恋人を作ろう？」という前提で考えたりするものですが、僕の友達は、こんなふうに考えたんです。

「クリスマスシーズンをどうやって楽しく過ごそう？」

こう考えれば、仮に恋人がいなくたって、楽しく過ごせればいいわけですからね。

そこで彼はどうしたか？

なんと、逆に逆に逆に、街のカップルたちを喜ばせようとしたんです！

12月になると、イルミネーションがともり、クリスマスモードのカップルたちが街にあふれます。そこに、もうひとり友達を誘って、サンタのぬいぐるみを着て「一緒に写真を撮りませんか？」と街頭に立ったのです。

当時、携帯電話がない時代ですから、写真はポラロイドカメラに写して、その場でさしあげます。恋人たちはサンタと一緒に記念写真が撮れて大喜び。でも、一番大喜びしたのは僕の友達です。このポラロイド写真、1枚700円と価格をつけていたんですが、それでも「撮ってほしい」と依頼が殺到したんです。

1日の売上げが10万円以上になったそうです（最高16万円）。こんなことを2週間も続けたわけです。

合計150万円の臨時収入です！

恋人がいなくてもドキドキ、ワクワク、ウキウキの至上最高のクリスマスになりました（笑）。

この話は、いまや有名コンサルタントとして大活躍されている本田晃一《ほんだこういち》さんの、学生のときのエピソードです。

柔軟な発想とは、前提を疑うこと、質問を変えてみること、目的を見つめてみることで生まれます。

あなた次第で、世界はいくらでも面白くできるのです。

EPISODE 2

報告禁止の会社

常識ハズレなやり方は
うまくいかないと
思っているあなたへ

「稼ぎたければ、働くな。」

――山田昭男（未来工業創業者）

出典「稼ぎたければ、働くな。」／山田昭男／サンマーク出版

常識ハズレな社内ルールを作った会社があります。

報告、連絡、相談禁止。
残業禁止。
ネクタイ禁止
上司は部下に命令禁止。
ノルマ禁止。
携帯電話禁止。
年間休日１４０日（正月休みは20日間など、休日数日本一）。

育児休暇3年。
なにもかも常識と真逆を行く会社なんです。

日本の会社で、経常利益が4000万円以上ある会社は全体の何パーセントくらいあると思いますか？

わずか3パーセントだそうです。つまり、残りの97パーセントはそこまで儲かっていないわけです。しかもその比率は、この20年変わっていません。

電気関連の品物をつくる、未来工業株式会社を立ち上げた山田昭男《やまだあきお》さんは、この数字を見て衝撃をうけました。

「常識の通りにやったら儲かる会社はたった3パーセントに過ぎない」と。
「ならば、常識の逆を行こうじゃないか」

他の会社では、報告、連絡、相談（ホウ・レン・ソウ）を心がけるのは常識です。でも、常識どおりやっているところは3パーセントしか儲かっていない。ならば真逆を行こう。

報告、連絡、相談禁止！

他の会社は当たり前のように残業をするらしい。

ならば、未来工業は残業禁止！（笑）

未来工業は、営業所が28ありますが、そのうちの25ヵ所は、山田さんが知らない間に営業所ができたといいます。なぜなら、ホウ・レン・ソウ禁止だからです（笑）。

さて、こんな非常識な会社は、どうなったと思いますか？

売上高なんと200億円以上に成長。創業以来40年以上赤字なし、日本トップレベルの給料を支払い、上場まで果たしています。

未来工業は、ひたすら逆へ行きます。

普通の会社は、「コストを下げろ」というのが常識。
未来工業は逆。「むしろコストを上げろ」です。
まさに右向け左の精神です。

未来工業には「スライドボックス」という製品があります。スイッチやコンセントを格納するためにどこの家にもついている四角い箱のような部品。1個100円ほどの安い部品で、売れるサイズは3種類ほど。だからライバルは3種類しか作っていない。しかし未来工業はわざわざコストをかけて85種類も作っているのです。そんな商品のために何百万もする金型を使って生産するなんて普通はしない。

でも、用途にあわせた様々なサイズがあることで、職人が家を建てるときにすごく喜ばれて、自然とメインの売れ筋商品も買ってくれるのだとか。

「赤字でもどんどんやりゃいい。
1個1個が赤字でも、トータルで考えて黒字になるならやっとくもんや」
と山田さんは言います。

普通の会社にはノルマがありますが、未来工業はやっぱり逆。営業マンにノルマはない。

ノルマをもうけると、営業マンは直接、部品を買ってくれるディーラーばかりに顔を出すことになります。でも作った部品を一番良く知っているのは、それを実際に使う現場の職人さんたちです。

ノルマがないからこそ、営業マンは、現場の職人さんのところにも顔を出せて、そこで商品の使い勝手を聞いたりできるわけです。すると職人さんから部品の問題点を聞き出せることがあり、それが新たな改良につながっていくのです。

また、普通の会社は、会社見学は無料でやるのが常識。やっぱり、未来工業は逆へ行く。他が無料ならうちは2千円とる！　2千円といえば、美術館以上の価格です。でも、これがバカにならない。未来工業はマスコミによくとりあげられるので、見学者が海外からも来て年間1万人近くになるから、2000円×1万人＝2000万円。

つまり、未来工業の総務部は、たったひとりで年間2000万円も売り上げてしまうのです。**究極の総務部です（笑）。**

未来工業の本質はどこにあるのか？
常識の逆に行くことが本質じゃないんです。
未来工業では、社員がやりたいと思ったことは、すぐにやることができます。相談、報告禁止だからです。やってみてダメならばやめればいい。

それは逆に言うと、自分でちゃんとひとつひとつ考え抜けということです。

未来工業の壁にはいたるところに大きな標語が貼ってあります。

「常に考える」と。

その結果、未来工業の特許の数は、なんと664個！　800人ほどの社員から寄せられる新しい提案の数も年間1万6000件にものぼるそうです。

未来工業のライバル企業は、社員総数33万人を誇る天下の松下電器（現パナソニック）です。そんな強敵としのぎをけずりながら、未来工業は休日数日本一のうえ、残業も禁じられている。こんな不自由な環境（笑）のなかで、勤務時間内にどうすれば能率をあげられるのか、社員一人ひとりが考えぬくわけです。

そして、気づいたことがあれば、誰に反対されることなく、勝手に実践できる。だから社員の、やる気が削《そ》がれることがないのです。

未来工業は会社のサークル活動に月に1万円の補助を出します。社員が3人集まってサークルを名乗ればどんなサークルにも年12万円の補助がでるのです。絵を描いてもいいし、ラジコンでも、鉄道模型でも、スポーツでもいい。未来工業には現在、約80のサークルがあるので、これだけで約1000万円の出費。遊びのサークルに毎年1000万円も会社が出費するんです。

でも、山田さんはこう言います。

「社員のやる気を引き出せるなら、一千万円は安い」

「社員のやる気を引き出すのが社長の仕事だ」

すべての目的は、やる気を引き出すためなのです。

そのために邪魔な常識はドンドン疑う。

やる気さえ出たら、人間、トコトンやりますから！

まさに、人間の可能性を示してくれる会社です。


最後に、山田さんの現在の肩書きを紹介しましょう。

「未来工業相談役」。

未来工業は、報告、連絡、相談禁止なので、相談に来る社員は誰もいないそうです（笑）。

EPISODE

3

入り口のない居酒屋

失敗がこわくて
無難な選択をしてしまう
あなたへ

「何百万枚も売れるロックなんて、あんましロックじゃない。」

――忌野清志郎（ミュージシャン）

出典「ロックで独立する方法」／忌野清志郎／太田出版

ある音楽プロデューサーは、ミュージシャンが、初めて大きなステージに立つとき、必ず、こうアドバイスするそうです。

「みんなを見るな。ひとりだけ見て、そのひとりのために歌え」

多くの人に愛されようなんて思う必要はない。

たったひとりのハートを打ち抜いてこそロックンロールです。


「ひすいさん、おもしろい居酒屋があるんですけど行きませんか?」

友人の絵描きの斎灯サトルさんにそう誘われました。

行く行く。サトルさんの車に乗り込み1時間が経った。

「まだ、着かないの？」

「まだまだ」

2時間が経ちました。

「まだ着かないの？」

「まだまだ」

「え？　どこまで行くの？」

「静岡までです」


えええええええええええええええええええええええええええええええええええ。

居酒屋に行くのに、東京から静岡に!?

「いや、ひすいさん、この居酒屋は東京から行く価値が十分ありますから」

「ほんとに？」

さあ、いよいよ着きました。
でもついた場所は、人通りの少ない寂しい街。
しかも、「これ、どう見ても普通の家だろ。ほんとうに、ここ？」
看板もなにもないんです。しかも、どこから見ても普通に人の家です。

ただ、玄関の扉の右横に直径1センチほどの小さな穴が3つあって、そこから光が差し込んでいました。そこを覗き込んでみると、確かに「元気に営業してまーす」と書いてありました。2番目の穴を覗くと、今月のおすすめメニューが書いてあり、最後の3つ目を覗いたら、女性の水着の写真。ちゃんとオチがある！（笑）

扉をあけると、いきなり上にあがる階段です。で、階段をのぼりきると、

バーン。

一気に視界がひらけ、そこは異次元空間。かつてのディスコにあったようなミラーボールが天井から下がっており、お客さんがぎっしり入っていて超満員の活気でした。

オーナーの岡村佳明社長からお話を聞かせていただくこともできたんですが、岡村さんは、いかにお客さんに見つからない店を作るかに命をかけている人でした（笑）。

普通、うちのお店は、ここですよって宣伝、アピールするのが常識です。

それが、岡村さんは、**お客さんに見つからないように全力でがんばっているんです。**

岡村さんは、お客さんに〝見つからないようなお店〟を静岡で7店舗やっています。

2軒目も行ってみたんですが、その店は……、

なんと、入り口がなかった！

入り口がないんだから、入りようがありません。

そこには壁しかない。店なのかすらわかりません。ただし、横に細い通路があるんです。でも普通、人の建物の通路に勝手に足を踏み入れるなんてできません。まさか、

ここ?

と思ってその通路を15メートルほど歩いて右折すると、家の表札があります。

「岡村昇」

どう考えても、ここは居酒屋じゃない。岡村昇さんの家です。

でも、勇気をもって扉を開けると、重っ!

扉が妙に重いのです。なかなか開けられないようにわざと鉄の重い扉なのです(笑)。

なんとか扉を開けると、100人くらい入れる居酒屋が超満員でした。

この居酒屋、「岡村昇」という名前の店だったんです(笑)。

メニューには、こう書かれていました。

「ビルとビルの狭い路地　そして重い鉄の扉を勇気を出してあけてくれて　どーもありがとう　元気しか取り柄の無い僕たちなのですが今日も一笑懸命顔晴《がんば》ります」

これで僕の心は、ノックアウトです。

表に入口がなくたって、開けにくい鉄の扉だって、お店を作れば、最初は友達が来てくれます。その友達が感動すれば、その友達がまた友達を連れてきてくれます。そうして岡村さんのお店は今日も、友達がまた友達を連れてきて繁盛しているのです。入りにくい店であればあるほど、入ったときのサプライズがあり、面白いので、友達が喜んで友達を連れてきたくなるというわけです。

岡村さんはこう言いました。

「どうやったらたくさんのお客さんに来てもらうかは考えてない。それより、来てくれた方に、いかに喜んでもらうか、そこばっかり考えている」

入り口のない居酒屋、看板のない居酒屋、入りにくい居酒屋。

飲食店としては、NGとも言える非常識ぶりです。でも、ただ常識の逆を行ったわけではないんです。

来てくれた人に、いかに楽しんでもらうか、喜んでもらうか、笑ってもらうか、驚いてもらうか、ここに岡村さんのロックスピリットがあります。

その手段の一つが、入り口のない、看板のない、入りにくい居酒屋なわけです。

そして、何百万人の心を打つことを目的にしなくていいんです。

たったひとり、あなたの友達のハートを真に打ち抜くことができたら、あなたの人生は、ロックンロールになる。

この日、僕らは2店舗しか見られなかったんですが、帰り際、岡村さんに、こう言われました。

「見せたかったお店がまだあるんだけどなー。
今度こそ入れないお店を作ろうと、
ラブホテルの地下に看板のない居酒屋
を作ったんだけど、実は、そこが一番繁盛してるんだよ」

EPISODE 4

「YES」は「NO!」

——常識は非常識!?
思い込みをほどくコトバ

「常識とは18歳までに培《つちか》った偏見のコレクションである」

——アインシュタイン

出典「アインシュタイン150の言葉」／ジェリー・メイヤー&ジョン・P・ホームズ編／ディスカヴァー・トゥエンティワン

日本ではちょっとエッチな色ってピンクですよね。ピンク映画っていいますし。

でも、これ、国によって違うんです。

アメリカではエッチな色は青、ブルーになります。だから「ピンク映画」は「ブルーフィルム」。下ネタは「ブルージョーク」といいます。

スペイン語では緑がエッチなので、「viejo verde」(緑の老人)と書いて「エロじじい」という意味になります。中国は黄色がエッチ。だからアダルト映画は「黄色電影」です。

また、日本では、何かもらったら、「ありがとう」って言いますよね。でも、中国では仲が良ければいいほど、「ありがとう」って言わないんです。そんなこと言われたら、逆によそよそしい。自分たちは仲いいはずじゃなかったのかなって思うそうです。

日本では人を励ます時に、「頑張って」って言いますよね。でも、アメリカでは「頑張りすぎないでね！」（Don't work too hard! ）となります。まったく逆です。

日本の親は「人に迷惑をかけちゃダメ」と教えますが、インドでは、「あなたは人に迷惑をかけて生きているのだから、人のことも許してあげなさいね」と教えます。また、インドでの「イエス」のジェスチャーは、日本の「ノー」のように首を振って、「ノー」のジェスチャーは、日本の「イエス」のようにうなずきます。もう、わけがわからなくなります。

常識は国が変われば非常識になりえます。

常識は時代が変わっても非常識になりえます。

僕らの頭の中の常識だって、根拠はあやしいものです。

しかし、頭の中の思い込みは、自分では「当たり前」になっていますから、普段は気づけないいんです。だから、疑ったことなど一度もないんです。


例えば、「失敗してはいけない」。こう思ってる人は多いと思うんです。

でも、失敗してはいけないってほんとでしょうか？

成功哲学で有名なナポレオン・ヒルが、男女3万人に対して行った調査で「何回壁にぶち当たったらあきらめるのか」というアンケートがあるんです。


結果は……なんと0.6回！

まさかの1回以下なんです。つまり、挑戦する前にあきらめている人が多いので、1回以下になったのです。

発明王エジソンは電球を発明するのに1万回の失敗をしたそうですが、その時に**「失敗ではない。こうしたらうまくいかないという方法を1万回発明した。失敗は勉強なのだ」**と言いました。

成功とは、失敗を積み重ねてきた先にあるものであり、プロフェッショナルとは、ありとあらゆる失敗を乗り越えてきた者を言います。

つまり、これが「成功の方程式」なのです。

失敗（発見）＋失敗（発見）＋失敗（発見）＋失敗（発見）＋失敗（発見）＋失敗（発見）＋失敗（発見）＋失敗（発見）＝大成功

『3秒でハッピーになる名言セラピー恋愛編』を一緒に書いたモテ男・ヤスくんは、「どうしたら恋人ができますか？」と質問されて、こう答えていました。

「今すぐに9人にフラれてください。10人目が恋人になります」

「失敗してはいけない」は大いなる勘違いだとわかりましたよね？

失敗したら、最悪、大きな学び（発見）になるだけなんです。

失敗するほどにネタはふえます。

最大の失敗は、何もしないことです。

何もしなければ、何も起きないからです。


すぐに結果が出ないとあきらめてしまう人にも伝えたい。

例えば柿を育てようとして種を植えたら、柿がなるまでにおよそ8年かかります。

「子どもが言うことを聞いてくれない」「部下が言うことを聞いてくれない」って、当然なんです。「言ったらすぐに変わるものだ」という思い込みがあるから、言うことをすぐに聞いてくれないと腹が立つんです。

自然界では今日、明日で、すぐに結果が出るものの方が少ないんです。何かをなそうとしたら、10年やるくらいの気持ちで取り組んだ方がちゃんと結果がついてきます。

「負けてはいけない」って思い込みも疑ったほうがいい。

例えば、僕には弟がいますが、弟は学生の頃、サッカー部のキャプテンで、モテモテ、それが当時の僕にはすごく嫌だったんです。

友達がモテるのは気にならないのに、弟がモテるのはイヤなんです。

なんでイヤだったのか。

「兄は弟に負けてはいけない」

そう思い込んでいたからです。

だから、バレンタインの日は、悔しくて悔しくて。弟チョコ8に対して僕は1。8対1。しかも僕の1は、かあちゃんからのチョコですからね。僕はこんなとるに足らない思い込みのせいで苦しんできたんです。この思い込みがなければ、弟に「お前、モテていいな。余ったチョコちょうだいね」って素直に言えたのに……。僕だって、本当は、いろんなチョコ食べたかったんです（笑）。

では、なぜ、「弟に負けてはいけない」と思い込んだかというと、その奥にはさらなる思い込み、**「勝たなければ、親に認めてもらえない」**があったからです。

嫌な感情の背後には、必ず、あなたの常識（思い込み）が隠れていますので、探してみてください。どんな思い込みがあるから、このイヤな感情が生まれるんだろうって。思い込みに気づけたら、あとは、「それ、ほんと？」って疑ってみればいい。すると、思い込みはほどけ始めます。


「弟に負けてはいけない」

「それ、ほんと？　勝つとか負けるって誰が決めるの？　相手のいいところと、自分のダメなところを比較して、そもそも勝ちってあるの？」

「勝たなければ、親に認めてもらえない」

「それ、ほんと？　親に聞いてみた？　え？　聞いてもいないのに勝手にそう思い込んでた？」

「甘えてはいけない」

「それ、ほんと？　恋人に甘えられたりすると、頼られてる気がして嬉しかったりするんだけど」

「みんなと仲良くしなくてはいけない」

「それ、ほんと？　嫌いな人が一人でもいたらいけないの？　嫌いって気持ちがあるからこそ、好きって気持ちも感じるんじゃない？」

「弱い自分を見せてはいけない」

「それ、ほんと？　むしろ、相手が本心を話してくれたとき嬉しかったりするけど」


たいてい、ほんとじゃありません。

人は、ほんとじゃないことで悩んでいるんです。

悩むのが趣味っていうならいいんです。でも、そうではないなら、ほんとじゃないことで悩むのはやめましょう。

嫌な感情が出てきたら、それは、自分の思い込みや価値観に気づくチャンスです。

気づいたら、「それ、ほんと？」と疑ってみましょう。

ほんとうではない、もしくは、もう必要ではない価値観なら、「そう思うことで自分を守ろうとしてきたんだよね。でも、もう大丈夫。今までありがとう」と、感謝で手放せばいいいんです。

もう、その思いからは卒業です。

バイバイ。今までありがとね。

EPISODE

5

常識の枠の外に
アッサリ出る方法

――新しいことを生みだすのは
難しいと思っているあなたへ

「アイデアとは既存の要素の新しい組み合わせ以外の何ものでもない」

――ジェームス・ヤング

出典「アイデアの作り方」／ジェームス・ヤング　今井茂雄訳／阪急コミュニケーションズ

大学時代の孫正義《そんまさよし》さんは、あることに悩んでいました。

大学で勉強もしっかりしたいけど、お金も稼ぎたい。しかし、アルバイトをすれば、今度は勉強がおろそかになる。さあ、両立は可能なのか？

可能だって思えば、必ずその方法は見つかります。

そこで、孫さんが挑戦したのが「発明」です。発明が実用化されれば一カ月に100万円以上の収入はあるだろうと考えたのです。

そこで、孫さんは最初に何をしたのかというと、なんと、アイデアが自由自在に思い浮かぶ方法から考えたのです。

その結果、5分で1件のアイデアを見つけられる方法を「発明」します。そこから生まれたアイデアが実用化されたのが、「音声付き電子翻訳機」。これで、特許料1億数千万のお金を手にして、このお金がソフトバンクを立ち上げるための資金となりました。


常識の枠をアッサリ飛び出して、アイデアを自由自在に生みだす方法とは、なにか？

冒頭の名言の通り、「アイデアとは既存の要素の新しい組み合わせである」ということ。

超シンプルにいうならば、こういうことです。

本＋パソコン＝電子書籍

携帯電話＋パソコン＝スマートフォン

既存の要素を組み合わせて、いままでになかったものをつくるのです。

孫さんがやっていた手法はこうです。

ステップ1　既存にあるものを3つあげる。
ステップ2　それぞれの要素を分解しながら組み合わせて、いままでにないものを作る。

ステップはこれだけです。

具体的には、単語が書かれた数百のカードから3つのカードを引いてアイデアに結びつけるというもの。孫さんはこの方法で、「一日一発明」を日課にし、なんと1年で250ものアイデアを生みだしています。

孫さんが発明した「音声付き電子翻訳機」とは、キーボードで日本語を入力すると、その日本語の英訳文が音声として出力されるというもの。当時は考えもしないような画期的な発明だったのですが、種を明かせば、

「電卓」＋「辞書」＋「スピーチシンセサイザー」＝「音声付き電子翻訳機」
この3つの組み合わせで生まれたのです。

とはいえ、エンジニアでない孫さんに翻訳機など作れません。でも、「自分が作れないなら、その分野の第一人者に作ってもらえばいい」と、大学教授をひとりひとり回って、協力者を探し回ったところが、孫さんのすごいところです。

既存の要素を組み合わせてアイデアを生み出すこの方法を、仕事に生かしている知人がいます。

例えば仕事でクレームが生じたとき、彼は1枚のカードをひきます。

「クレーム」に対して、カードでひいた、いろんな単語をかけ合わせていくのです。

例えば「餃子」と出たら、「クレーム」×「餃子」で、どんなアイデアが考えられるかと発想していく。クレームのお客様にお詫びに日本で一番おいしいとされる餃子をもっていこうかとか、手にとったカードの言葉と、クレームをかけ合わせて何かいい方法はないかと発想を広げていくのです。

彼があるとき採用したアイデアは、

「クレーム」×「旅行」

「クレーム」と「旅行」、どうつなげればいいのだろう……と考えたら、ひらめきました。

クレームを言ってきたお客さんの近くにホテルを借りて2泊3日の旅に出たのです。

そして朝、昼、晩と1日3回ずつその会社に立ち寄り謝る。

これを実際にクレームで試してみたら……「あれ、また来たの？」「あれ、また来たの？」と、最後には、「そこまでしなくても」と許してくれて、逆にすっかり仲良くなったとか。彼としても、旅行をかねて行ったわけですから、一石二鳥の旅となりました。

「近くに、アイデアはいっぱい転がっているんです。どこかに特別なものがあるわけじゃない」鈴木敏夫（スタジオジブリ・プロデューサー）

出典「智慧の実のことば」／ほぼ日刊イトイ新聞語録 監修糸井重里／ぴあ

ないものをゼロから生み出そうとするから頭はフリーズしてしまう。あるものをかけ合わせるだけで、簡単に自分のフレームの外に出られて、無限に表現できるのです。

過去×過去＝新しさ。
新しさとは、いまあるものを組み合わせて
ありそうでなかったものを生み出すことなんです。

EPISODE 6

悪口を言って百万円

——面倒なことには向きあいたくないあなたへ

「あら探しの好きな人、わがままな人、厄介な質問をする人に言いたい。ありがとうございます」

マイケル・デル（デル創業者）

出典「逆境を乗り越えるリーダーの言葉」ビジネス哲学研究会編著／角川書店

「お客さんに、うちの会社の悪口を言ってもらおう。
そして、その中から、悪口グランプリを決めて、１００万円を支払おう」
もし、あなたの会社で、こんなアイデアが出たら絶対にみんな反対しますよね？
そんな面倒な話は聞きたくないですよね？
しかし、１９９５年10月、こんな広告が掲載されました。

「ユニクロの悪口言って百万円！」

ユニクロへのクレームを募集したのです。1万通以上の応募があったそうです。内容は、薄々気づいていたことがほとんどだったそうですが、実際に「ここを直して欲しい」と具体的に指摘してもらえたことで、改善に踏ん切りがついたのだとか。ちなみにクレームグランプリは「レジが込んでいる。そこの店員さん私語している場合じゃない」でした（笑）。

ユニクロは、1万通ものお客さんの「本音」に向き合って、できることはドンドン改善していったのです。1万通の「悪口」を真っ正面から受けて立てたのは、柳井《やない》正《ただし》会長の、ユニクロをいい会社にしたいという執念あってこそでしょう。

この広告を出した1995年当時のユニクロの売上げは486億円。それが、2018年では2兆円を超えています。桁違いの大躍進です。

同じく、お客様のクレームから生まれたヤマト運輸の人気サービスが、「時間指定配達サービス」です。

当初、ヤマト運輸は、夜間に荷物を受け取りたい、というお客さんのために「夜間お届けサービス」を始めました。すると、同じ夜間でも「俺は7時に受け取りたい」「俺は9時」とクレームが出たのです。これをうけて、「時間帯お届けサービス」を始めました。すると、またクレーム。「2時間単位の指定では満足できない」と。そこで、「荷物を受け取る時間」や「荷物を受け取れる場所」を指定できるサービスを始めました。それでも、「すぐに持ってきてくれ」という声があったので、ドライバーの携帯電話やメールアドレスに直接連絡できる「ドライバー・ダイレクト」というサービスを始めるようになったのです。

新商品のアイデアを探すのは難しいものです。お客さんに聞いても、答えは返ってこない。それでもひとつだけ、お客さんの満足度を高める方法があります。

それが「クレーム」にあることを改善していくことです。

自分がやりたいことをやっても、相手が喜んでくれるとは限らず、自己満足に終わってしまうこともあります。でも、相手から要望されたことなら、100パーセント喜んでもらえます。

不満を言われたり、ダメだしをされたら、それは凹みます。

でも、それは新しい自分、新しい現実へワープするための最高の近い道を教えてもらえたということなんです。

クレーム＝近道。

ラクに生きることを人生の目的とすると、面倒なことはやりたくなくなります。

すると、どんどん生活は行き詰まっていきます。でも、成長することを人生の目的に変えたら、「やりたくない」ことが「やりがい」に変わり、生活はどんどん楽しくなっていきます。

ラクしようと思うと苦しくなり、
成長しようと思うと楽しくなるのが人生です。

EPISODE 7

金持ちから身ぐるみはがす方法

自分が成功できない理由は努力が足りないからと思っているあなたへ

「最高の作品をつくる時間配分。
1％　ひらめき
9％　努力
90％　正当化」

――――ジョージ・ロイス（伝説の広告マン）

出典「世界を変えた伝説の広告マンが語る 大胆不敵なクリエイティブ・アドバイス」
ジョージ・ロイス（青幻舎）

不可能を可能にする、ニューヨーク生まれの伝説の広告マン、ジョージ・ロイス。
再選をかけた選挙を控えるニューヨーク市長エド・コッチが、ジョージ・ロイスに、
ある依頼をしてきました。
「資金を使いはたして、お金がなんにもない！

金持ちたちに、借金の肩代わりをしてもらえる方法はないだろうか?」
そんな無理難題に、伝説の広告マンはどう答えたか。
資金集めのディナーパーティーの招待状をこうデザインしたんです。

招待状を広げると、すっからかんになったポケットを、両手で引っ張り出して困っている、市長の全身写真。思い切ったポーズで自分の苦境を表しています。

このユニークな招待状で、市長がお金に困っていると町中の噂になります。ニューヨークのエリートたちは、その写真を面白がって、パーティー会場はタキシードを着た大金持ちであふれました。その結果、無事、資金は調達され、市長の負債はなくなったのです。

有力者たちが、ポケットを空にして、市長の写真のマネをするほど、この写真は流《は》行《や》りました。

「クリエイティブになれ、金持ちから身ぐるみはがす方法はたくさんあるぞ」ジョージ・ロイス

そんな、伝説の広告マンは、どのように広告を生み出すのか。

「天才とは1％のひらめきと99％の努力である」

これはエジソンの言葉だと知られていますが、ロイスは最高の作品を作るのに、ひらめきと努力は10％に過ぎないと断言します。もっとも大切なのは、自分のアイデアを正当化する力だと。

これ、笑っちゃいますけど、ロイスのこの言葉を、このように応用すると面白いと思うんです。

必要なものは、もう十分、足りているとしたら……と一度考えてみるんです。すると、思いもしない道が見えたりします。

例えば、お寿司屋さんの例で考えてみましょう。

街のお寿司屋さんで大切なことは「うまい」「早い」「安い」です。

でも、この3つに関する努力はもう十分がんばってきたと一度、考えてみるのです。「うまい」「早い」「安い」の大切さは、10%に過ぎないと仮定してみて、残りの90%は何が大事なのかと発想してみると、これまで考えてみたことのない、想定外の答えが出てきます。

大阪の、あるお寿司屋さんは、残りの90%は「面白さ」だと考えたのです。ましてや大阪ですから。

では、どのようにお寿司屋さんに「面白さ」を加えればいいのか……。という、これまでと違う問いが生まれてきます。

問いが変われば答えも変わります。

あるとき、ビール工場を見学しに行ったときのこと。

ビール瓶が大量にコンベアで運ばれていくのを見て、ひらめいたんだそう。

「そうだ。コンベアで寿司を回してみよう」

コンベアで職人を囲み、そこに寿司を流して、お客様に自由に取ってもらう。なにより、回っている寿司は見た目にも「おもろい」ので、絶対に人々に「ウケる！」と確信したそうです。

こうして生まれたのが回転寿司なんです。

開発したのは大阪で寿司屋を経営していた白石義明さんです。大阪のおっちゃんが思いついた、「寿司が回ったらおもろい」という、たったひとつのアイデアが、いまや世界20カ国以上で楽しまれています。

業界スタンダードになった回転寿司。でも、それは味を追求した先にはなかった。値段を追求した先でもなく、ニーズを追求した先でもなかった。それは「面白さ」の先にあったのです。

いまのあなたに足りないのは、根性でも努力でもないとしたら、

さぁ、なんでしょう？

EPISODE

8

マニュアルのないコールセンター

効率優先でものごとを考える癖のあるあなたへ

「すばらしい、では足りない」

――グーグルの企業理念

出典「Google が掲げる10の事実」
http://www.google.com/about/philosophy.html?hl=ja

例えば、あなたの会社に、「ピザが食べたいです」っていきなり電話がかかってきたら、どうします？　もちろん、あなたの会社はピザとはなんの関係もない会社だとして。

なんと、そんな電話にも親切に対応しちゃう会社がアメリカにはあるんです。
ある靴メーカーで会議の後、取引先の人たちとお酒を飲みに出かけ、みんなでホテルに戻った。その中のひとりが「ピザが食べたい」とオーダーしようとしたが、ホテルのルームサービスが終わっていてオーダーができない。すると、酔っ払った仲間が、「ザッポス」に電話してみようと言いだしました。

ザッポスとは、アメリカにあるネット通販会社。元々は、靴の通販会社でしたが、現在はアマゾンの子会社として服やアクセサリーなども扱っています。そして、彼らは本当にザッポスのコールセンターに「ピザが食べたい」と電話をしてみたんです。

ザッポスは、どう対応したのか。

ホテル付近の深夜配達をしているピザ店を5軒探して、案内してくれたそうです。この靴メーカーのスタッフは、ザッポスの大ファンになり、一生顧客として付き合っていきたいと思ったそうです。

これはほんの一例。ザッポスのコールセンターは常識外れなことで有名で、**「デリバリング・ハピネス」（幸せを届ける）**を合言葉に、さまざまな伝説を残しています。

例えば、欲しい靴があったけど、ぴったりなサイズが品切れだった。こんな場合、ライバル会社の通販サイトで在庫を探し、案内してくれます。自分の会社の利益よりも、お客様に最高の思いをして欲しい、ということが優先なのです。

ザッポスにはマニュアルがなく、対応は個々の社員に任されています。そのため、お客様の話にトコトンつきあうこともあり、最長の通話記録は7時間半だそうです。

その上、コールセンターは24時間営業です。

更に、配送の日数を、こっそり内緒でアップグレードして、オーダーしたその日のうちに届ける、なんてサプライズもしています。しかも、返品期間は365日です。買ってから1年も悩めるんです。

いったい、ザッポスはどんな企業理念で働いてると思いますか?

サービスを通して「ワオ!」という驚きの体験を届ける。

他の企業と目的が違うので、出る答え（アイデア）もまるで違うのです。

ザッポスはすべてのサービスで虎視眈々《こしたんたん》と、「Wow!」を届けようと目を光らせているんです。

通販のコールセンターの社員の目的は、普通は、「注文をとること」です。だから、ピザの宅配の相談にイチイチのっていられるわけがない。でも、お客様に「ワオ！」と驚いてもらうのが目的なら、対応は変わってきますよね。コールセンターでの電話対応は、ザッポスにとって、面倒な注文であればあるほど、お客様に「ワオ！」と言わせる、またとないチャンスになります。

素晴らしいじゃ足りない。
ありがとうじゃ足りない。
「ワオ！」です。

そんな、ザッポスの年商は、2012年で2000億円を突破する快進撃を続けています。ちなみに、ザッポスのスタッフの採用では、優秀かどうかよりも**「一緒に遊べる仲間になれるか」**というところが一番重要視されるそうです。

ちなみにザッポスの企業理念「10のコア・バリュー」はこちら。

①サービスを通して「ワオ!」という驚きの体験を届ける
②変化を受け入れ、変化を推進する
③楽しさとちょっと変なものを創造する
④冒険好きで、創造的で、オープン・マインドであれ
⑤成長と学びを追求する
⑥コミュニケーションにより、オープンで誠実な人間関係を築く
⑦ポジティブなチームとファミリー精神を築く
⑧より少ないものからより多くの成果を
⑨情熱と強い意志を持て
⑩謙虚であれ

ザッポスのように大きな会社でなくても、小さなことだって、お客様を「ワオ!」と言わせることができるという例も紹介しましょう。日本にも、この「ワオ!」を届けてくれるお店があるんです。

福岡が本店の居酒屋「博多ほたる」です。

ほたるでいつもサービスしてくれる久保典大さん、通称久保ちゃんは、いつも当たり前のように素敵なサービスをしてくれます。

あるとき、サーモンのお寿司をオーダーして食べていると、そこに、もうひとり友人が来ました。後から来た友人の分はオーダーしていなかったのですが、久保ちゃんは、ニコニコしながら、お寿司を1巻持ってくるではありませんか。セリフはこうです。

「いや〜〜〜お刺身切りすぎちゃって！　良かったら食べてください！」

友人がフォークでお料理を切り分けているとき、スッと後ろから久保ちゃんが現れて「これをどうぞ」とナイフを差し出してくれたこともありました。本当に驚きました。そのとき、久保ちゃんの姿はどこにも見えなかったからです。遠くから、しかも後ろから見た動きで、何をしているのか判断しているのです。（久保ちゃんはその後、独立して焼肉屋さん「龍王館　朝倉店」をやってらっしゃいます）

友人の講演会のチラシをたくさん作って、お店で宣伝してくれていたこともあります。講演会をするなんて一言も言っていないのに、お店で自主的に調べて、勝手に応援してくれていたのです。もう、居酒屋さんの域を超えています。

そんな「博多ほたる」は、2011年の居酒屋甲子園でみごと優勝。他のお店が、効率の良さなどを全面に押し出していたところ、「博多ほたる」は、「心」を大事にしていると表現していました。そして、2012年も優勝。小さな心使いの積み重ねで初の日本一、2連覇です。

「プーさんは素敵だ。おいしいはちみつや友人との交歓、そういうちょっとした喜びのために彼は労を惜しまない。物語が全編幸福な無駄に満ちている」江國香織

出典「泣く大人」／江國香織／角川文庫

ザッポスがピザのお店の場所を調べる。これ、無駄な仕事です。

居酒屋で、サーモンを余計に切ることだって無駄な経費です。

でも、思いやるとは、相手のちょっとした喜びを生みだすために一手間かけることです。その一手間かけた無駄こそが「ワオ！」になるのです。

「お金」のために働く。

これは常識ですが、お金のために働くならば、当然、効率を優先することになります。

でも、お客さんの「ワオ！」のために働くならば、効率と真逆に振れる必要があるのです。


働くとは、自分の時間をふんだんに無駄に使って、出会った相手を「ワオ！」と幸せにさせていくことなんです。

EPISODE 9

穴だらけの企画書

——ビジネス上の失敗＝
信用の失墜だと
思っているあなたへ

「未熟なうちは成長する。成熟すれば、あとは衰えるだけだ」

――レイ・クロック（マクドナルド創業者）

出典「20世紀名言集【大経営者篇】」／A級大企業研究所編／情報センター出版局

「この会社は、なにか違う……少なくとも、ここは喜びの中で働ける場所ではない」

社会人初日、青年は、違和感を感じわずか1日で会社をやめました。

それで、「自分は、なんのために生まれてきたのだろう？　なんのために働くんだろう？」という根本をちゃんと見つめ直してみました。

出た結論は、「自分で起業しよう」でした。

そして、自分が本当にやりたいことを企画書におこし、出資してくれる人を探し始めました。

企画書ができあがり、さっそくある方に提案に行きました。

ところが、「この企画は、まるでなってない」と、とりつくしまもなかった。

今度は二人目の方に提案に行きました。

やっぱり、「ここがなってない。あそこもなってない」とダメだしをされました。

今度は、3人目の方に提案に行きました。やっぱり、ダメだしをされました。4人目からもダメだし……。さて、そんなこんなを繰り返して30人目、どうなったと思いますか？


30人のうち、何人の人が彼に出資してくれたと思いますか？

答えは30人です！

30人、全員が出資してくれることになったのです。

最初に断った人も、最後は、全員が彼の事業に協力してくれることになり、お金も数千万円集まったのです。

どういうことか？

実は、その青年はダメ出しされるたびに、そこを改善して、これまで提案した人すべてにその都度、企画書を送り直していたのです。つまり、最初の一人目のところには、企画書が時間をおいて、30通も届いたことになります。届くたびに、企画書のページ数が増えて、内容も改善されていくわけです。

企画書が届く。しばらくすると、さらに進化した企画書が届く。しばらくすると、さらに進化した企画書が届く。しばらくすると、またさらに進化……。

提案された方は、こう思い始めます。

「彼は、経験もないし、未熟なところだらけ。しかし、日々進化している。そしてなにより、あきらめない。彼なら何があってもやりとげるかもしれない」

そうして30人全員が最後は彼のファンになり、協力者になっていってくれたのです。

人は、進化していく姿に心をうたれるのです。

だから、最初は未熟であってもいい。

いや、未熟であるほうがいい。その分、伸び幅があるからです。

この青年こそ、その後、一部上場を果たした社長を10人以上生み出した伝説のコンサルタント、福島正伸さんです。福島さんが起業したときのお話です。

「ピンチはチャ〜ンス♪」と説く福島正伸さん。まさにその通り、未熟であることすらチャンスに変えたのです。

能力がない？
すばらしい。

才能がない？
すばらしい。

経験がない？
すばらしい。

そこから、1ミリずつ成長していく姿こそ、人は見たいのです。

映画だってそうですよね？

最初は一番ダメな人、それが「主人公」と呼ばれます。

最初から強い人、それが「悪役」と呼ばれます（笑）。

何度、失敗したっていいんです。あきらめない限り、それは途中過程です。

映画で一番、失敗する人を「主役」と言います。

そして映画で一回も失敗しない人は「通行人」と呼ばれます（笑）。

成長するまで待つのではなく、未熟なうちにたくさん動いておくことです。その分だけ、未熟なあなたを知ってもらうことができるからです。すると、小さな前進でまわりを感動させることができるのです。

これ、僕もすごく実感しています。

まったくの凡人で、人生に鬱屈《うっくつ》していた僕は、2004年の夏に、「このまま人生を終えるのは嫌だ」と、天才を目指すと決意したんです。

文豪のゲーテが、シャルロッテさんという女性に惚れて1800通のラブレターを書いたのを知った僕は、ゲーテはラブレターを１８００通も書いたから天才になれたんじゃないかという仮説が生まれたんです。

であれば僕も、読んでくれる人のラブレターだと思って、ゲーテ超えの１８０１通ブログを書いてみようと。

１８００×ＬＯＶＥ＝天才

この仮説に挑んでみたのです。それで、ブログを書き始めた初日、２００４年8月9日に、自らを天才コピーライターと「天才」を自称し、名言セラピーというエッセイを毎日更新で書き始めました。数がいつか質に変わると思って5年間ほぼ毎日書き続けました。

初めての本が出たときは、まったく無名の僕の本にもかかわらず、書店のアマゾンで総合3位にランクイン。未熟だった僕が、毎日書き続け成長していく姿にみなが応援してくれた結果なんです。その時は、年間４０００通ちかい応援メールをいただだきました。

今は、そこまでもらえません。

もう、未熟じゃないから、応援しがいがないんです（笑）。

その頃は、3ヵ月前に書いた文書を読みなおすと、あまりの下手さに恥ずかしくなって、いちいちブログを書き直していたこともあります。

でも、気づきました。過去に書いたものが、恥ずかしくなるって、それだけ成長しているんだって。未熟だったからこそ、自分の成長が自分ではっきりわかったんです。

そして、自分が成長していることを実感できるくらい、人生で楽しいものはありません。

失敗を恐れて、何もしないくらいなら、むしろ、未熟さを披露したほうがいい。

未熟とは、進化の伸び幅があるってこと。

成長する喜びを大きく味わえるということです。

未熟なまま勝負すればいい。

不安なまま飛びこんでみたらいい。
やり続けたら、その未熟は武器にできるんです。

EPISODE

10

ゴッホの絵の秘密

環境が良くないから
100%の力を発揮できない
と思っているあなたへ

「美しい景色を探すな。景色の中に美しいものを探すのだ」

――ヴィンセント・ヴァン・ゴッホ（画家）

出典「ゴッホの手紙」／ヴァン・ゴッホ／岩波文庫

いきなりですけど、質問です。

「髪の毛とお水の共通点はなんですか？」

「ピザと時計の共通点はなんですか？」

この質問、講演会で僕はたまに参加者さんに問うんですね。この質問の答えは、無数にあります。例えば、髪の毛とお水の共通点は「潤い」。ピザと時計の共通点は「刻むもの」。これ、何と何を組み合わせてもいいんです。帽子とトマトでもいいし、なんでもいいんですが適当に組み合わせても、「共通点を探してください」と言うと必ずいくつも見つかるんです。

早い人は5秒で見つけます。「探そう」って意識をそこにフォーカスすれば、人は必ず見つけてしまうものなのです。


冒頭の名言、ゴッホの絵のヒミツが、まさにこの名言に現れていると思います。ゴッホの絵が人々の心を打つのは、美しい景色を探して描いたからじゃない。ひとつひとつ出会った景色の中に、彼なりの美しさを見いだしていたからです。環境に左右されるんじゃない。視点なんです。


「発見の旅とは、新しい景色を探すことではない。新しい目を持つことなのだ」

マルセル・プルースト

出典「賢人たちに学ぶ 自分を磨く言葉」／本田季伸／かんき出版

新しい目を持つことで、世界は本当に豊かなところだとわかってきます。

例えば、岩手って、県民性が日本一優しいって言われています。

街でリンゴを落としたときに、何人が拾うのを手伝ってくれたかというテレビ番組の実験では、岩手が一位でした。岩手ではみんなが助けていた。岩手に講演で呼ばれると、後ろから順に席がうまっていきます。前はどうぞ、と、自分は前へ、前へ出ない控えめな優しい人たちなんです。

岩手は岩手の美しさがあります。

沖縄では、時間通りにことが運ばなくても笑って許してもらえます。「なんくるないさ～」（なんとかなるよ～）と時間を気にしてないんです。だから、朝まで飲む。ゆいまーる（助けあい）の精神が残っていて、高齢のおじいちゃんでも農作業が現役でできます。肉体的につらい作業も、みんなで助け合うから、できちゃうのです。

沖縄には沖縄の美しさがあります。

僕の生まれ故郷、新潟は水がいいからお米がおいしいし、お酒もうまい。また、僕の高校時代のアルバムを見た東京の仲間たちが驚いていました。「なんで、新潟はそんなにかわいい子が多いの？」って。はい。水がきれいなところで育つ、これが新潟美人です。

とはいえ、僕は新潟の女性と一度もおつきあいすることなく東京に出てきてしまいましたが（笑）。

新潟には新潟の美しさがあります。


ここでお伝えしたいことは、環境がいい、悪いと判断するのではなく、いま、いる場所のステキなところを見つける習慣を持とう、ということです。探そうと思えば、必ず見つかるからです。

人と会うときは、「この人のステキなところはどこだろう？」と問いを持つのです。するとと必ず見つかります。「赤」と思っていれば、街を歩いていてもすぐに赤色が目に飛び込んでくるように。

「おもしろがる実力があれば、世界中どこでもおもしろい。実力がない人は変わったものでないと、よく見えない」西江雅之（文化人類学者）
出典「智慧の実のことば」／ほぼ日刊イトイ新聞語録 監修糸井重里／ぴあ

作家の三浦綾子《みうらあやこ》さんは、新婚時代、最高に豊かで幸せな時代だったと言っています。

それは……何もなかったから。

何もなかったから、最高に豊かで幸せだったというのです。

一つ一つ揃えていくことで、一つずつ幸せになっていけたからと。

そうです。人は見方次第で、何もないことにだって喜びを感じることができるんです。


健康を崩したら、それは絶対に不幸になると捉える方もいれば、明治時代の物理学者の寺田寅彦《てらだとらひこ》さんのように、

「健康な人には病気になる心配があるが、病人には回復するという楽しみがある」

と言う人だっている。


出典「寺田寅彦全集　第七巻」／寺田寅彦／岩波書店

なにかのせいにしている限り、あなたは自ら、自分の可能性を閉ざしています。

環境が現実ではない。
起きた出来事が現実ではない。
起きたことを、どう受け止めたかがあなたの現実です。

あなたの「視点」（認識）こそ、あなたの「世界」なのです。

僕は『あなたの人生がつまらないと思うんなら、それはあなた自身がつまらなくしているんだぜ。』という長いタイトルの本を書いたことがありますが、要はそういうことなんです。

これは希望です。世界は自分次第で面白くできるからです！

EPISODE 11

一番大事なドミノ

——幸せな運命を求めてやまないあなたへ

「未来がどうなるか、あれこれ詮索するのをやめよ。そして、時がもたらすものが何であれ、贈り物として受けよ。」

――ホラティウス（古代ローマの詩人）

運命の人に会えたら幸せになれるって、みんな思っているけど、運命の人って実はいないんです。運命という常識を疑うことから始めよう。

ドミノ倒しってありますよね？

ドミノ倒しの世界記録は、２００９年11月13日にオランダで記録された

449万1863個のドミノ倒しになります。では、ここで質問です。

449万1863個のドミノの中で、一番重要なドミノはどれですか?

一番最初のドミノですか?
それとも2番目ですか?
いやいや、一番最後のドミノですか?
どれだと思いますか?

正解は……すべて重要です。
どれか1個でも倒れなかったら、ドミノ倒しはそこで終了ですから。
これは人生も一緒です。
恋人との出会いも、ケンカも、別れもすべて重要なんです。

何が大事で、何が大事じゃないなんてない。
あなたに起きる出来事すべてがあなたに必要なんです。
あなたに起きた出来事すべてがあなたに必要だったんです。

運命の人はいない。だって、すべてが運命の出会いだからです。

過去を振り返れば、そのことが実感できるはずです。
例えば、あなたが、いま、うまくいっていることを思い浮かべてみてください。
そのうまくいっていることを、始めることになったきっかけはなんでしょうか?
よく考えてみると、ささいなことがすごく大事になっていることがわかるはずです。

僕のメンター(師匠)は、何人かいるのですが、最初に入った会社の社長と部長からは、ものの考え方で大きな影響をうけました。
その会社を紹介してくれたのは、友達のヤマモトくんです。ヤマモトくんと出会ったのは、大学時代、体育のラグビーの授業でした。好きでもなんでもないラグビーを僕がなんで選択したかというと、同じクラスのイチスギくんがラグビーを選択したからです。

実は、その会社で、妻とも出会っているんですね。そして、子どもが生まれた。
つまり、僕の子どもたちと出会えたのは、イチスギくんと出会えたからなんです。
そして、あのとき、ラグビーを選択したからです。

イチスギくん→ラグビーの選択→ヤマモトくんの出会い→メンターとの出会い→そして、妻との出会い→二人の子ども

冒頭の名言の通り、すべての出会いが、すべての出来事が、運命の道先案内人なんです。
時が偶然もたらしてくれたものこそ、確かに贈り物でした。

「今までに、私をフってってくれた人たち、ありがとう。

おかげでこの息子（こ）にあえました」

木次洋子　（「日本一短い手紙」より）

ということなんです。


あなたも大切な人をひとり思い浮かべて考えてみてください。

その人と出会うきっかけはなんでしたか？

過去をさかのぼってみてください。

ささいなことが、すべて重要だったとわかるはずです。


過去、起きたことは、どんな些細なことでもあなたに必要だった。

だとしたら、未来だってそうなんです。

時がもたらすものはなんであれ、あなたがあなたになるための大切な贈り物《ギフト》なのです。時はあなたに魔法を起こしてくれる、味方なんだ。

時を信じていいよ。

EPISODE 12

名言タクシー

自分の特徴をうまく生かせないあなたへ

「相手の土俵で戦う必要はない」

中澤佑二（サッカー元日本代表選手）

出典「勇気がもらえる145の言葉」／テレビ朝日「Get sports」編／講談社

1969年。アメリカのある会社が、接着剤を開発していました。でも、完成したのは、すぐはがれてしまう接着剤。接着剤なのに、すぐはがれる。明らかに失敗作でお蔵入りしていました。

その5年後のある日曜日。教会の聖歌隊をやっていた開発メンバーのひとりは、いつものように讃美歌集のページをめくりました。

すると目印に挟んでいたしおりが滑り落ちてしまったのです。

その瞬間、「これに、あの接着剤を使えばいいんだ！」とひらめきます。こうしてできあがった「のりの付いたしおり」は、いま、どこのオフィスにもあります。

いまや必需品のポストイットです。

冒頭の名言、中澤選手の言葉を借りるなら、これまでの接着剤の「土俵」で戦う必要はなかったんです。

「すぐにはがれてしまう」という接着剤としての

「欠点」を、「特徴」と見立てたら、

それを生かす土俵が見えたわけです。

どう「見立て」るか、これで人生はいかようにも面白くなります。

僕には一人、弟子がいまして彼はタクシーの運転手をしていたんです。そんな彼から、ある日、相談されました。「僕もひすいさんのような講演家になりたいんです」と。

僕は彼にこう返しました。

「講演家って、何も大げさなものではなく、目指すものではなく、実は今日からすぐなれるもんなんだよ。講演家の仕事の本質って、なんだと思う?

講演って、人を勇気づけることであり、元気づけることであり、気づきを与えることと。だから、講演家って別にタクシードライバーのままでできることなんだよ。お客さんを背中で感じて、そのお客さんに合う名言を降りるときに書いてプレゼントしたら、今日から名言タクシーという立派な講演ドライバーだよ」

講演をやりたいということの本質は、メッセージを発信していきたいということ。であれば、それを自分の強みを生かした、タクシーの運転手としてやればいいだけの話なんです。

なにげない会話を通して、乗客ひとりひとりの人柄を感じる。そして、彼がこれまで学んできた名言の中から、その方に合いそうな言葉を選び、降りるときに名言カードに綴ってプレゼントする。これをやり出してから、彼は仕事がものすごく楽しくなり始めたとか。中には名言に感動して泣き出して、なかなか降りてくれないお客様もいたとか（笑）。それで人気になった彼は、「稼ぎ頭」とあだ名がつくような名物ドライバーになりました。

さらに、タクシーで名言を配ったお客さんたちとのエピソードを「名言タクシー」と題してFacebookで綴っていたら、出版依頼や講演依頼も入ってきたのです。

名言タクシーという土俵は彼しかいない。彼がオンリーワンです。

タクシーだからといって「移動手段」と見立てなくてもいいんです。「名言と出会う移動アトラクション」という発想でやったっていい。

そうすれば、このタクシーに乗りたいがために、目的地もなく、このタクシーに乗りたいって人だって現れるかもしれません。ただのタクシーじゃない、ただの講演家でもない、世界でたった一台の名言タクシーです。

いまや彼はタクシーの仕事から独立されて、目を見て言葉を贈る「一筆啓上家」として活動されています。

中には、音響設備をバッチリ搭載して、ジャズをかけている名物ドライバーもいます。彼はタクシーを「景色が変わる移動型ジャズステージ」だと見立てているんだと思います。

もうひとつ、違う角度から「土俵」の話をしましょう。

土俵次第ではライバルと戦わずして勝てることもあります。

色んなメーカーがしのぎを削るお菓子業界において、ロッテ、キシリトールガムがその例です。それまでのガムは、味が「おいしい・まずい」、値段が「高い・安い」という価値基準しかありませんでした。だから、どのメーカーも、「おいしくて安い」という方向を目指して、ガムを開発していたのですが、ここにまったく違う価値基準を持ち込んだのです。

「おいしい・まずい」ではなく、「歯にいいか・悪いか」という新しい土俵（基準）を。

それまでのガムは、甘くておいしいけど、虫歯になりやすかった。

しかし、キシリトールガムは、お菓子なのに、歯にいいんです。

「おいしくて安い」という土俵は激戦区です。ならば、その土俵で勝負せずに「健康にいいお菓子」という新たな価値基準を生みだしたら、キシリトールガムは、大ヒット商品となりました。新たに生み出したその土俵に誰もいなかったら、あなたはその日から、オンリーワンです。

僕も「名言」という狭い土俵で、5年も毎日ブログを書いたので、そこで結果を出せたんです。

あなたはいま、どこのフィールドで戦っていますか？

そこは、ちゃんとあなたの強み、持ち味が生かされていますか？

あなたの経験が最も活かされる土俵はどこでしょうか？

あなたの「欠点」を「特徴」とみなしたら、あなたの土俵はどう変わりますか？

ゼロからまったく新しい土俵を作っていいと言われたら、あなたはどんな土俵で勝負したいでしょうか？


あなたらしさがかがやく土俵は必ずあります。

EPISODE 13

貧乏の法則

損になることはやりたくないあなたへ

「人々のために曲を書くときの方が、そうでないときよりもずっと美しい曲を書くことができる」

――ベートーヴェン

出典「創造の言葉」／いのちの言葉編集部 編／ハルキ文庫

カリスマ心理学者・アルフレッド・アドラー（アドラー心理学創始者）は、精神を病んだクライアントに対して、

「これをすれば2週間でなおる！」

と処方したことがあるのですが、どんな処方をしたと思いますか？

答えはこうです。

「この処方通りにしたら、きっと2週間で全快します。それはどうしたら、他人を喜ばすことができるか、ということを毎日考えてみることです」

自分を良くしたかったら、自分を良くすることを目指すのではなく、他人を良くしろ、というのです。

行き詰まっている時は、自分のことしか考えられなくなっています。

これは、そのフレームをポンと外してあげる処方だったわけです。

日本資本主義の父といわれた渋沢栄一《しぶさわえいいち》が気づいたのも、まさにそこです。

彼は、幕末から大正初期に活躍した実業家で、まだ会社がない時代に続々と会社を立ち上げ、企業の設立に関わった数は500以上。その渋沢栄一が「養育院」を作りました。貧しい人や、浮浪少年などの世話をする施設です。そこに収容される人物たちを長年観察していると彼は一貫した特徴があることに気づいたと言います。

お金に困っている人たちに共通する特徴は……

「常に自分の都合だけを考えている」

普通、自分だけよければいいと思っていたら、自分のことくらいは真っ先によくなりそうです。しかし、それが逆だったのです。自分だけよければいいと思っていると、自分すらよくならない。自分ひとりすら養っていけなくなってしまうのです。

ここで、渋沢栄一は宇宙の法則に気づいたのです。自分が存在する意義というのは、自分のためだけにあるのではなく、社会のため、他人のためにあると。

それで、『論語と算盤』という本を出されています。算盤だけでは足りない。「論語」、思いやりの心が大事だということです。

そう気づいた渋沢栄一は生涯で、500以上の企業の設立に関わり、600以上もの社会事業に携りました。

お釈迦さまも同じように考えていました。

仏教のなかには、「托鉢《たくはつ》」という行があります。

笠をかぶったお坊さんが、手に鉢をもって家々を回りお布施をいただくという行です。お釈迦さまは、托鉢に向かう弟子たちに、こう言ったんです。

「お金持ちの家ではなく、貧しい人たちの家を回って托鉢をしてきなさい」。

普通、お布施をいただくんですから、お金持ちのところに行くのが常識ですよね？

しかし、お釈迦さまの思いは別のところにありました。

貧しい人がなぜ貧しいのか。

それは、自分のためにしかお金を使わないからであり、その人たちに与えるよろこびを味わってもらう機会を生みだすのが、托鉢の真の目的だったのです。

友人の絵本作家の、のぶみさんがこう教えてくれました。

「ひすいさん、神社のご神体が鏡なのは、なんでだと思いますか？

鏡は、『この世界はすべては逆なのだ』ということを教えてくれているんだ。

鏡に映すと、右と左が逆になるように。

神社では、お願いをしにくる人の願いが叶うんじゃなくて、カミサマの願いを聞きにきてくれる人の願いが叶うんです。逆なんです。

神社で売られているお守りもそう。お守りに守ってもらおうと頼る人が守られるのではなく、このお守りを守ろう、大切にしようと思う人が守られる。逆なんだよ」

カミサマの願いを聞きにきてくれる人というのは、自分の願いだけを言いに来る人ではなく、みんなの幸せを願いにくる人だそうです。

だから、のぶみさんは神社ではこう祈っているそう。

「カミサマのお手伝いができますように。日本がちょっとでも良くなるように、がんばりますから」

本当にありきたりな言葉になってしまいますが、結局は、思いやりということです。

中には、相手を思いやることばかり考えている人もいますが、それも足りないんです。

自分を思いやる心が。

聖書の中で、イエス・キリストはこう言っています。

「あなたの隣人を愛せよ」

その直前には、この言葉があります。

「自分を愛するように」


自分を思いやり、相手を思いやる。これはふたつでひとつ、セットです。

自分のうれしいを、あなたのうれしいにつなげるんです。

これがみんなが栄えていく共存共栄の法則です。


漢字だってそのことを教えてくれています。

私たちは、人と人の「間《あいだ》」に生きる存在だからこそ「人間」。

人と人との「間」を幸せで満たしていくのが「人間」の使命なのです。

この「間《ま》」がずれていることを「間違い」と言い、「間《ま》」が抜けてることを「間抜け」というのです。

「間《あいだ》」にあるものこそ「愛だ」（これはダジャレですが……）

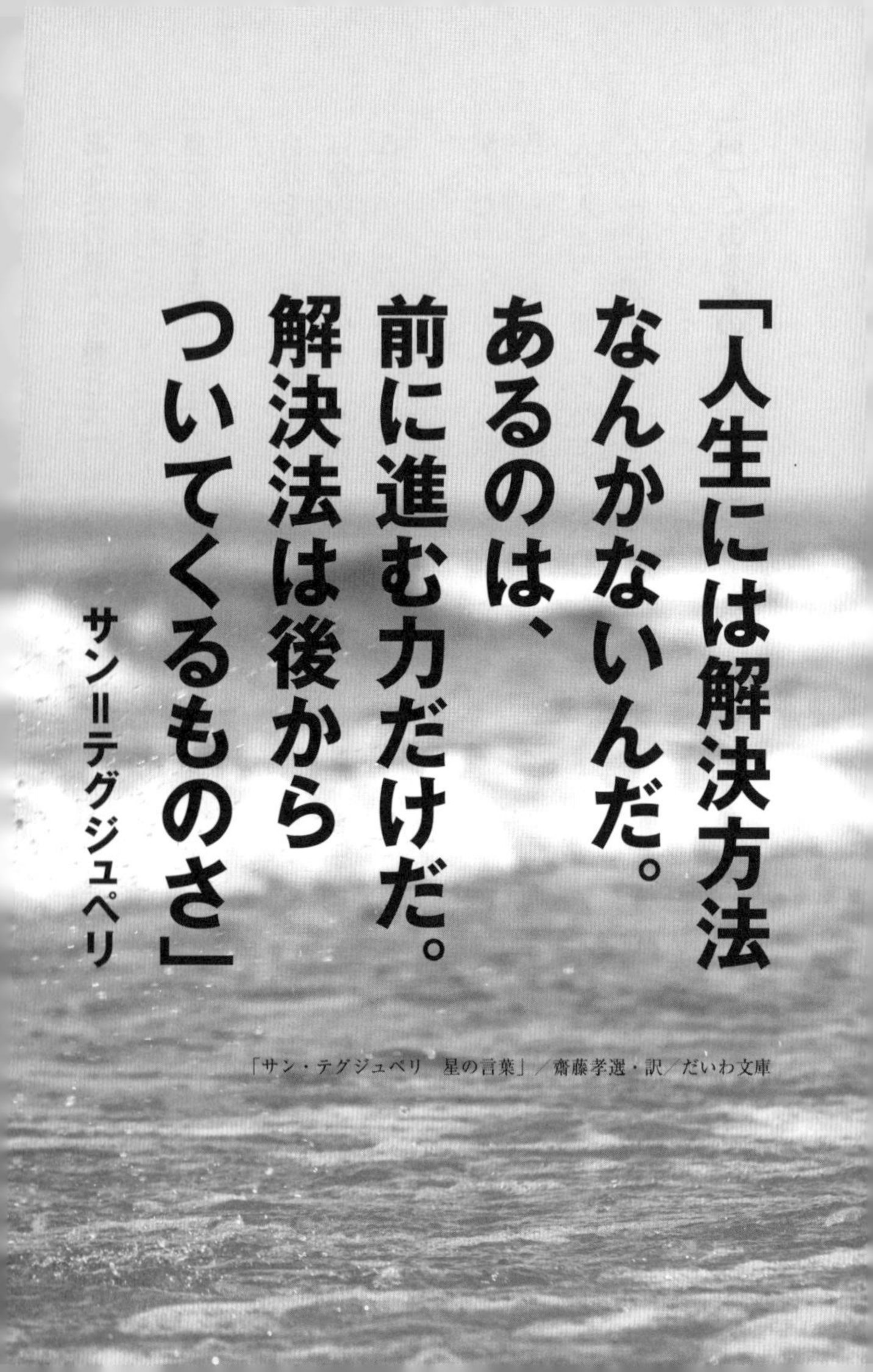
「人生には解決方法
なんかないんだ。
あるのは、
前に進む力だけだ。
解決法は後から
ついてくるものさ」
サン＝テグジュペリ
「サン・テグジュペリ　星の言葉」／齋藤孝選・訳／だいわ文庫

EPISODE 14

伝説の数学者

——欲望に忠実に生きることに罪悪感を覚えるあなたへ

「私は数学を学ぶ喜びを食べて生きている」

岡潔（数学者）

出典「春宵十話」／岡潔／光文社文庫

「歩いてこの海を渡ってみろ！」

それくらいの難易度と言われた数学上3つの大問題をすべて解決し、世界に衝撃を与えた伝説の数学者・岡潔《おかきよし》。その伝説の数学者は、数学を究めるために、まず、なんの勉強から始めたと思いますか？

なんと、松尾芭蕉の研究からなんです。

岡潔は数学の独創には情緒が必要と考えていました。情緒とは、岡潔曰く、**「野に咲く一輪のスミレを美しいと思う心」**です。

数学を研究するのに、まず、松尾芭蕉の研究から。

一見、遠回りに見えますが、そんなことができたのも、岡潔の冒頭の言葉に、そのすべての秘密が示されています。

「私は数学を学ぶ喜びを食べて生きている」

岡潔はご飯で生きていたんじゃないんです。

喜びを食べて生きていたんです。


地面にひたすら数式を書いていることもあれば、山の頂上に立ち、夕方になっても朝に見かけたときと同じ姿勢で、ずっとお日さまを見ていたこともあった岡潔。記録の中に、「山へのぼって、日の光をよろこんで（微風、芽若、みはらし）下りて鉛筆の部分をかきつける」とあり、美しいと思うものを心赴くままに味わいながら、数学の難問に挑んでいたのがうかがえます。


また、岡潔は、数学上の発見には、一度行き詰らなければならない、と言っています。

「たいてい六、七年は行き詰る。しかしそれは自分の自由な精神が行き詰っているのであって、行き詰るように強《し》いられているのではない。だから、六、七年行き詰っていられる」

強いられているわけじゃないから、6年でも7年でも行き詰まっていられると。喜びに挫折などないってことです。

根性はいつか力尽きます。しかし、喜びが力尽きることなどないのです。

僕が毎日心がけていることも、「喜び」です。

どんな小さなことでもいいので、自分を喜ばせてあげること。

これだけは、いつもやってきました。

たとえば、あるミュージシャンを好きになったときは、ファンの掲示板に書き込みをして、そのミュージシャンがテレビにでた映像はすべて揃え、また、そこで入手困難のライブチケットを手に入れ、ライブの日には会社を早退して行ったものです（仕事しなさい！（笑））

デザイナーの宮下貴裕《みやしたたかひろ》さんのインタビューを読んだときは、モノ作りにかける思いに感動し、彼の服屋に毎週通いました。当時、金銭的に手が届く価格じゃなかったので、見るだけの日も多かったのですが、僕としては、美術館に通うような気持ちで毎週、彼の作る服を眺めに行っていました。

どんな小さなことでもいいから、自分が喜ぶことに手間ひまをちゃんとかけてあげる。自分の「好奇心」をトコトン大事にしてあげるんです。

すると、また次の喜びと出会えます。


「喜べば　喜びごとが　喜んで　喜び連れて　喜びに来る」

（大正から明治にかけて詠まれた歌で、作者不詳）


喜びとは、芋づる式に掘り出されていくもの。

喜んでいると、また次の喜びと出会えるのです。

僕はいま、本をつくる喜びに辿り着けました。いい本をつくるためなら、どれだけでも時間（人生）をかけられます。これはもう、生きがいであり、やりがいです。

好奇心という、小さな心の声を一つ一つ大事に行動してきたら、その先に、こんなにどでかい喜びが掘り起こされてくるとは思いもしませんでした。

今は全国の読者さんが講演に呼んでくれ、全国に仲間ができ、日本全国を旅することが仕事のひとつになりました。


喜びで生きていると、イキイキしてきます。

そして、イキイキした自分でいると、何をするにしても流れがよくなるんです。

大事なのは、何をやるかではなく、どんな自分がそれをするか。

自分のヴァイブレーション（波動）が、引き寄せる現実を変えるのです。


質問家・松田充弘さんの著書『しつもん仕事術』の中で、「シャンパンタワーの法則」というものが紹介されています。シャンパンタワーとはグラスをピラミッド上に積み上げたものです。そのグラスの一番上が自分のグラス、2段目が家族や身近な人、3段目が会社の人や友人だとしましょう。

すべてのグラスにシャンパンを注ごうと思ったら、どこから注ぎますか？

一番上の自分のグラスからですよね？

人生も一緒。自分のグラスからあふれ出た喜びのエネルギーでまわりを潤すのです。

するると、ムリなく、みんなが豊かに満たされます。

喜びのお裾分け、です。

EPISODE

15

売れない営業マンがブレイクした方法

――嫌な仕事は適当にこなせばいいと思っているあなたへ

#「したくない仕事しか来ないんです。でも、運は、そこにしかない」

萩本欽一（タレント）

出典「智慧の実のことば」／ほぼ日刊イトイ新聞語録 監修糸井重里／ぴあ

僕は、これまで3万ページを超える文章を書いています。

現在50冊の本を書いているので、それだけでも1万ページ以上。

その他にも、雑誌の連載や、ブログでエッセイを書いていますので、ゆうに5万ページは超えています。


そんなに書いているわけですから、「小さい頃から書くのが好きだったんですよね」って、よく言われるんですが、そうじゃない。

子供の頃は、書くのが**大嫌い**でした。

小学校の作文では、いかに早く「。」(句点)をうって、改行するかに情熱を注いでいたくらいです。では、そんな僕がどうして物書きになったかというと……

かつて僕は、ひどい赤面症で、ひとみしり。人とうまく目が合わせられない時期がありました。そんな僕でしたが、社会人デビューは、ひょんなことから営業マンに配属されてしまったのです。営業は一番やりたくない仕事でした。

だから、営業に行っても売れない売れない。当時、人と目を合わせられなかった僕は、うつむき、下を向き資料を見ながらボソボソと説明していて、ふと顔をあげてお客さんを見たら、お客さんが熟睡していたときがあったんです。

もう、ショックでした。

うとうと寝てしまったお客さんを前に、説明を中断していいのか、続けたほうがいいのか……。そんなことで迷っている自分に、**「オレはいま、宇宙で一番**

小さいことに悩んでいる」と落ち込みました。

もう、絶対、営業ムリ！！！！！

会わずに売る方法を見つけるしかない……。

それには、広告を作るしかないと僕は行き着いたのです。

さいわいだったのは、僕が通販会社に商品を売り込みに行く営業マンだったこと。通販カタログの売れるページというのは、１ページで３０００万円、４０００万円もの売上げをつくるページがあることを知っていたからです。

そこで、営業にまわりながらも、売れている通販ページをストックし、それをひたすら書き写して、独学で書き方を学んでいきました。

まわりで、文章の書き方を教えてくれる人なんていませんから、写経するかのように書いて独学で学んでいったのです。実際に、書くことで、「伝える」ってこういうことかと次第にわかるようになってきました。

そして、毎週1回、これまで会ったお客様に手書きでFAX通信を始めました。すると、次第に反応が出てきて、書いて伝えることが楽しくなってきたのです。楽しくなると、不思議と結果も出て「、FAXを始めて1年後には、トップ営業マンになっていました。営業が苦手、だからといって適当に仕事をこなしていたら、今の僕はなかったでしょうね。

冒頭の名言は、萩本《はぎもと》欽一《きんいち》さんの言葉です。

欽ちゃんが独立したとき、所属事務所には「司会の仕事はぜんぶことわってください」と頼んでおいたのだそうです。司会の仕事は自分にはむいてない、やりたくないと思っていたのだとか。しかし、ふたをあけてみると、司会の仕事しかこない。

そして、やってみた結果は、司会の仕事で大ブレイク。そのときに、自分がやりたいことよりも、人があいつにこういうことをやらせたいというものにこそ運があると感じたのだそうです。

「運なんて、すごく変なところから飛んでくるんだから」萩本欽一

出典「ユーモアで行こう」／萩本欽一／KKロングセラーズ

どこかに、自分の可能性の扉をひらく特別なドアがあるんじゃないんです。
そんな扉は探さなくていい。
なぜなら、どこにでもあるから。

あなたがホンキでのぞむとき、すべてが扉になります。

そして、ホンキでやっていれば、まわりの人が、あなたが行くべき場所にちゃんと連れていってくれるものです。

僕はいま、本をつくることが楽しくて仕方ありません。
「休みの日に何したい？」って聞かれたら、「本をずっと書いていたいです」って即答します。書くことなんて大嫌いだったのに不思議です。

人って、想像を絶するほど変われるんです。

心からの実感です。

そして、もう一つ。

僕は人見知りだったので、作家になってからも、講演依頼はすべて断らせていただいていました。人見知りな僕にとって、講演は一番やりたくない仕事でした。

あるとき、そのことを叱ってくれた方がいたんです。

頼まれたことを断ってばかりいては人生は広がっていかないよ、と。


そして、その方は、僕が人前になれるように小さなお店を貸し切って20人限定の少人数のイベントを何度も主催してくれたんです。当時、僕は20人の前でも話せませんから、講演はなし。一人一人、全員とおしゃべりしたら終わりです。

当時の僕を知る作家の森沢明夫さんは、20人のイベントの控え室で、緊張で足がブルブル震えている僕に驚いたといまでもネタにしてくれています。

そして20人の前で10分話す、20分話す、30分話すと、恥をかきながらも数を重ねるうちに、なんと今は5000人の前でも原稿なしでペラペラ2時間でも3時間でも話せるようになってしまったのです。

恥をかきたくないからと、一番やりたくなかった講演の仕事も、いまや僕のライフワークになってしまったのです。

それどころか、おしゃべりが大好きになってしまい、友人と自己啓発系お笑いユニット、「グリーンズ」を結成して、毎日10分ネタをYouTubeで配信してしまうほどの「しゃべりーマン」になってしまったのです。「グリーンズチャンネル」ぜひ聞いてみてくださいね。

やりたくない仕事こそ、実は、全力で望むと、「生きがい」に変わるのです。

最後にもう一度言わせてください。

人って、想像を絶するほど変われるんです。ほんとだよ。

どうせなら、生きてる間に生まれ変わりたいですよね。

EPISODE 16

天井のない美術館

――お金がないから
何もできないと
思っているあなたへ

「YOU PLAY WITH THE CARDS YOU'RE DEALT..WHATEVER THAT MEANS」

（配られたカードで勝負するっきゃないのさ…それがどういう意味であれ）

――――スヌーピー

出典「A peanuts book featuring Snoopy（10）」
チャールズM・シュルツ　谷川 俊太郎訳／角川書店

「美術館を作って町おこしだ！」

となれば土地と建物とスタッフを用意して、展示物の買い付けもありますから、何億とかかることでしょう。しかし、

「お金をかけずに美術館を造れ」

なんて宿題を出されたら、あなたならどうします？

それも考え方次第でできちゃうのです。
高知市から西へ約100キロ行った高知県西南部の高知県黒潮町に、長さ4キロにもわたる巨大美術館が誕生しました。

天井はどこまでも、どこまでも高い。100メートル？ そんなもんじゃない。200メートル？ そんなもんじゃない。8000メートル？ まだまだそんなもんじゃない。青天井です。そう、青空が天井なんです。
バックミュージックは波の音。壁には美しい海や緑の山々が〝描かれ〟、刻一刻リアルタイムにその姿を変えていく巨大美術館。

はい。つまりは、ただの砂浜です。

この美しい砂浜こそ、高知の財産であると、こう宣言した方がいたんです。
「私たちの町には美術館がありません。美しい砂浜が美術館です」

©NPO　砂浜美術館

グラフィックデザイナー梅原真さんです。砂浜に杭《くい》を立て、そこに、絵や写真がプリントアウトされたTシャツを約1000枚飾った。すると、Tシャツが、風でソヨソヨひらめくんです。なんという爽快感。

これで砂浜が、あっという間に美術館になったのです。

この砂浜美術館は、大反響をよび、いまや季節ごとに様々な展示が行われています。

例えば、漂流物展。

漂流物展というと聞こえはいいんですが、要は、海に流れ着いたゴミ（漂流物）を並べた展示会です。

ゴミも漂流物展と言い切った時点で、アー

トになるんです（笑）。

漂流物展のきっかけもひょんなことから。Tシャツアート展の準備でゴミを拾っていたら、変なもの、異国から流れ着いたもの、面白いものがたくさん落ちていることに気づいた。

このゴミは、

「燃やせばCO$_2$」

「並べれば博物館」

梅原真さんはそう言います。

ある日、ビンに入った手紙が流れ着いたこともあった。中をあけたら手紙が入っていた。アメリカ、テキサスの高校生、ブライアンくんが小学校のときに書いたものでした。これでブライアンくんと交流が始まり、文部科学省の英語の教科書にも載ったのだとか。

ゴミ（漂流物）から、アメリカのブライアンくんとつながっちゃう。

ゴミから、文部科学省とつながっちゃうのです。
そしてついにはゴミから、これを読んでいるあなたにまで勇気を与えちゃった。

人生とは、ないものを嘆くのではなく、
あるものを工夫して、楽しむもの。

自分にないものはないでいい。
自分にあるものだけで世界は変えられるのです。

ちなみに、この砂浜美術館の館長は沖を泳ぐニタリクジラで、
いまやこの砂浜を訪ねる観光客は年間20万人を超えます。

EPISODE 17

ノーギャラでお願いします！

——味方は多ければ多いほどいいと思いこんでいるあなたへ

「自分自身を説得できるかどうかが成功の第一条件」

——孫正義（ソフトバンク創業者）
出典「みんなの名言集　孫正義」
http://quote.gooin.com/maxim/masayoshi-son.html

何かを成し遂げたいとき、みんなを味方につけなければいけないと考えるのが常識です。

でも、そうではない。大切なのは、たったひとりを味方にすることです。

そのたったひとりとは、自分です。

以前、ある方に、東京の街のなかで、1000人で遊ぶ新しいピクニックのかたちを考えてほしいと依頼されたことがあります。

今までにない遊びを考えるんですから膨大な時間がかかりそうです。でも、僕のスケジュールはギシギシ。

さらに、この依頼はボランティアなので、ノーギャラであると。

1年間活動してノーギャラか……。

でも、いろんな偶然が重なって、断れなくなり、この依頼を受けることになりました。

こんな風に、やりたいわけでもないけど、やる流れになることって人生にはあると思うんです。

こういうときに、何から始めるかというと、一番大切なことから始めます。

それは、自分を味方にすることです。自分を感動させることです。

そのために、自分の「情熱スイッチ」を探すところから始めるんです。

スイッチというのはほっといても入るときがありますが、普通は、探しにいかないと見つからないことも多いのです。

まず、東京で感動できる場所を探すところから始めました。友達に聞いたり、雑誌を買ったり、空き時間にはタクシーに乗り、運転手さんのTOKYO感動スポットに連れていってもらいました。

そんなある日の夜、タクシーの運転手さんが降ろしてくれた場所には門があり、そこをくぐって、中に入ってみると……


うおおおおおおおおおおおおお！！！！


その見事な風景に僕は感動しました。

東京にも、こんなところがあったのか……。

ここだ！

最後に、ここにみんなを連れてきて、僕の大好きな音楽家、弓削田《ゆげた》健介さんのライブをイベントのフィナーレにすることができるなら、タダ働きでもいいからやり遂げたい！

ここにみんなを連れてきたい！

そのためならオレはがんばれると、自分のやる気スイッチが入ったのです。

最終的に、僕は、こんな遊び方を考えました。
スタート時点で、初めて出会った4人がチームになります。そして旅の冊子を渡します。その冊子には、行き先や、その間で行う様々なミッションが書かれています。東京のパワースポットを巡りながら、いろんな心理学的ワークや、ミッションをくぐりぬけながら、自分のほんとうの気持ちに気づいていくピクニックです。

そして、1日の最後、チーム4人の絆が深まったタイミングで、僕が感動したあの場所にみんなを誘導し、そこでコンサートが開かれる。最後は、弓削田健介さんの天使の音楽のなか、今日初めて出会った4人の仲間の絆がパワースポットになる、というピクニックです。

そのピクニックで街の中で遊ぶワークをそれこそたくさん考えましたが、ひとつだけ例をあげましょう。まず、みんなに、ものすごく急な坂を下ってもらったんです。そして坂を下ったら、旅のしおりのシールをはがしてもらう。すると、こう書かれています。

人生には3つの坂がある。

「くだり坂」「のぼり坂」、そして「まさか！」という坂。

人生には、ふいに、「まさか！」と思えるようなことがやってきます。

でも、そんなときこそ、人の根は成長するんです。

晴れの日は葉が育ち、雨の日には根が育つように。

では、ページをめくってください（で、ページをめくると）

「いま下った坂を、今度は二人一組で手をつないでスキップしながら上りきってください」

ね？　こんなふうに、人生にはまさかのときがきます（笑）

でも、そんなときこそ、人の根は成長しているって思い出してくださいね。

ちょっとふざけたワークですけど、このミッションをやる坂を探すだけでも、坂の本を買って、実際に20個以上坂を回って選んでいるんです。この「まさかワーク」、参加者さんも予想以上に盛り上がってくれて近所からクレームがでたほどです（笑）。

坂を探すだけでも20個も回る。そして、1年間ただ働きなのに、なんでこんなに打ち込めたかというと、自分の「やる気スイッチ」を押せたからです。

自分を味方につけると、「努力」の世界から、「趣味」の世界へ移行できます。

趣味は好きでやっているので、やるなと言われても、やっちゃいます。「もう、そこで十分だ」といわれてもやっちゃいます。自らお金を払ってもやっちゃいます。だって趣味だから。

自分のハートに火をつけるためには、まず自分を感動させることです。

この遊びに、僕は、ホントの自分のキモチに気づく1日という思いをこめて、「ホンキの1日@TOKYO」と名付けました。

「時間」と「空間」と「仲間」という3つの「間」を使って、自分と対話し、最後は4人の絆が最高のパワースポットになるというピクニックです。

最後は感動のフィナーレとなり、観客のひとりが立ち上がり、「スタッフ全員に拍手を贈りたいのでスタッフのみんなに前に出てきてほしい」と言われて、スタンディングオベーションの拍手喝采となり、東京だけではなく、富山、大阪、山梨でも開催される運びとなりました。

実は、このとき一緒に「ホンキの1日」の仕組みを考えてくれた仲間のひとりが、今回の共著者、石井しおりさんです。みんな1年間ボランティアで働いたわけですが、なんと、そのとき石井さん、無職だったんです。それでも、「面白いものを生みだしたいから」と参加してくれていた石井さんに僕は感動し、本を一緒に作りたいって思ったんです。

この本は、原稿の最終編集こそ僕がやっていますが、名言のセレクトから、話の方向性まですべてに渡り、石井さんと話し合い、アイデアを出し合った合作です。

では最後にまとめましょう。
自分を感動させること。
そのために行動すること。
すべてはそこから始まります。

EPISODE

18

高知には絶対に行かない男

——コネや人脈がなければ何もできないと思いこんでいるあなたへ

「決意した瞬間に、私たちの運命は形作られる」

――アンソニー・ロビンズ

出典「あなたの『最高』を引き出す方法」／アンソニー・ロビンズ　堤江実訳／PHP文庫

ひすいこたろう、赤面症で人見しり、暗黒の学生時代に出会ったのが、幕末のヒーロー坂本龍馬でした。

RYOMA SAKAMOTO。かつて、こんなかっこいい人がいたんだ！

友達もおらず暇だけはあった僕は、すぐに京都の霊山護国神社に行き、龍馬のお墓の前でこう祈りました。

「龍馬さん、どうか僕にのりうつってください」

他力本願、龍馬先生、憑依プリーズです（笑）。

しかし、もちろん、龍馬がのりうつってくれることもなく、僕は冴えない学生時代を過ごすことになるわけですが、このとき、僕はひとつ決意したんです。

坂本龍馬の本拠地、高知には行かない、と！

絶対に自分からは行かない。呼ばれていく男になる。

そう決めたんです。

その決意から、十数年時間はかかりましたが、ついに、龍馬の本拠地、土佐（高知）からラブコールをいただき講演に行けることになったのです。会場に２００名以上集まり、席が足りなくなり、ステージ上にも席が並べられるほどでした。

しかも、このご縁、作家冥利につきる、とてもうれしいかたちだったんです。

講演を主催してくれたのは、高知の印刷会社リーブルのあらもと社長です。

でも、このあらもと社長、僕のことも、僕の出している本のこともまったく知らなかったんですね。

ただ、リーブルさんは、先ほどご説明させてもらった、僕がプロデュースしたピクニック「ホンキの1日@TOKYO」の70ページに及んだガイドブックを刷ってくれた印刷会社さんだったんです。

あらもと社長は、印刷中にそのガイドブックをちら見した。

すると……

「なんじゃ、この怒濤《どとう》のピクニックのアイデアは!」と感心してくれて、「このガイドブックを書いたのは誰なんじゃー!。この男を高知へ呼べーーーー」となった次第なんです(笑)。

印刷しているときに、印刷会社の人が思わず読み込んじゃうって、書き手としては最高にうれしいことです。

あのギャラなしの仕事が(笑)、僕の念願の、龍馬の本拠地、土佐からお呼びがかかるという仕事に繋がっていたのです。

人生は、ほんと想像を超えたところで繋がったりするから、やめられないですね。

そして、運命は、まず、「そうする！」と決めることから動き始めます。

「そうする！」と、投げかけたその「意図《いと》」が新しい現実に「糸《いと》」を結んで、宇宙が応援してくれる。だって、その印刷会社のあらもと社長こそ、龍馬研究会の理事の方だったんです。まさか、そんなかたちで、龍馬研究会の方から、高知に呼んでいただくことになるとは夢にも思いませんでしたから。


すべては大学時代の「決意」から始まりました。

京都で龍馬のお墓まいりをした当時の僕は人脈もコネも才能も、何もかもなかったけど、彼女すらできず悩んでいる僕だったけど、たったひとつ、決意だけはあったんです。

高知のあらもと社長が感心してくれた「ホンキの1日@TOKYO」のガイドブック、その冒頭に、僕はどでかい文字でこう書いていました。

「今日は何があっても楽しむって決めよう。

決めたらそうなります！」

２０１２年12月8日、ひすいこたろう高知講演当日、龍馬の原点、桂浜に虹がかかりました。

龍馬が歓迎してくれたような気がしてうれしかったです。

実は、何もかもうまくいかない大学時代、僕は京都の龍馬のお墓に「僕にのりうつってください」と憑依祈願をしてきたわけですが（笑）、京都を散歩してるうちに信長終焉の地、本能寺を見つけたので、ついでに織田信長さんにも憑依祈願をしたんです。

ついで祈願！（笑）

龍馬のお墓のある霊山護国神社と、本能寺に、「僕を世界を変える男にしてくれ」と憑依祈願を大学生のときにしてきたわけですが、それから10数年たち、そのことは忘れていたんです。でもね、その２カ所で講演をすることを頼まれたとき、「そういえば学生のときに祈願にきたよな」って思い出してゾッとしたんです。

憑依祈願って、けっこう本当に叶っちゃうって?

本能寺会館で講演を頼まれたときは、「ついで祈願」まで叶うんだって驚きましたね（笑）。


さらに驚きついでにもう一つ。


僕と石井さんは、この出版依頼をいただく前に、「常識を疑う本を作ろう」と決めて、ネタ集めを始めていました。すると、出版依頼をいただき、編集者さんからの提案タイトルを見て驚きました。

「常識を疑うことから始めよう」と書かれているではありませんか!


どうしたいのか、まず決めよう。

決めると、現実が動き始めます。

ついでに誰に憑依してもらいたいか決めよう（笑）。
その人のゆかりの地で、どう生きたいか宣言し、助けを請うてみよう。
びっくりするくらいね、それ、叶えてくれます！
20年後くらいにね（笑）。

コネや人脈がないと嘆く君へ。
大丈夫。偉人をコネにすればいいんです。
偉人は、選びたい放題です（笑）。
偉人たちは、あの世でけっこう暇みたいだから、かなり応援してくれます（笑）。

EPISODE

19

人生RPG

――自分の性格だけは一生変えられないと思っているあなたへ

「性格は変えずに増やす」

イグゼロ（投資家）

出典「あなたの大嫌いな人が100％考えていること」／イグゼロ／きこ書房

あなたは自分の性格が好きですか？
嫌いですか？
でも、そもそもあなたの性格ってなんでしょうか？
ここでは、性格は変えられないという常識を一度疑ってみましょう。

僕は、娘の前ではただただただひたすら笑っている温厚な父親です。
息子の前では、もうひとりのやんちゃな子どもです。
初対面では、ほとんど自分からは何も話さず、ただ相手の話を聞くだけの男です。
同級生のカミムラくんの前では、しゃべりっぱなしで、ずっと僕がしゃべっています。

本づくりに関わる人の前では、妥協しない男です。

妻の前では、妥協しっぱなしの男です（笑）。

じゃあ、ほんとうの自分はどれ？

どれでもない。どれも僕の一部です。

あなだってそうですよね。この人の前では明るい自分でも、この人の前では、おとなしい自分とかありますよね？

「ひっこみ思案な、この性格を変えたい」などと、相談されることがあるんですが、僕の答えはこうです。

「性格は変えなくていい。そのままでいい」

だって、性格が、あなたじゃないから。

性格とは、他人との関係性で生まれるものです。あなたの本質ではなく、あなたが着ている服のようなもの。だから、服はイチイチ捨てなくていい。

その都度その都度、そのときの気分に応じた服に着替えればいいだけ。

気分に合う服がないなら、いまからお買い物に出かければいい。ルンルンと。

『あなたの大嫌いな人が100％考えていること』という本の著者イグゼロさんはこう言います。

「いままで、あなたがあなたの性格でいたおかげで、得られてきたものって、何だと思う？」と。

その人が、その性格であることによって何かしらの恩恵を必ず受けていると、イグゼロさんは断言します。

たとえば、パーティで社交的に話せない性格なら、「あたらしい出会いで得られるプラス」よりも「人前で恥をかかないプラス」を無意識に選んでいると。

人目を気にして、思い切ったことをやらないというのも「人から変な目で見られない。人から嫌われない」ためのその人の勝ちパターンであると。

性格とは、出来事に対する反応の仕方に過ぎないから、問題があるとしたら、同じ反応しかできないワンパターンさにある。だから、性格は変える必要はなく、性格を増やし、バラエティのある反応ができるようになれば、それだけ得るものも増えるだろうというのがイグゼロさんの主張です。

本当のあなたは、性格などではなく、信念や主義、主張でもなく、この場面ではこの性格で行くと「選択するあなた」のほうです。

ゲームをやっているとき、ゲームの登場人物（キャラクター）があなたじゃないですよね？

ゲームの登場人物をプレイしている「プレイヤー」のあなたこそが本当の主人ですよね？　どう反応するかはあなたが選択すればいい。

自分の感情や性格が自分そのものだと思ってしまうと、「プレイヤー」であるあなたは、「キャラクター」に埋没してしまい、起きた出来事に対して右往左往してしまいます。

そこから一歩ひいて、「プレイヤー」のあなたが、客観的に自分という「キャラクター」を操る、演じるという感覚。日常を舞台として演技を楽しむ感じです。

では、どんなふうに「キャラクター」を演じればいいのか？

簡単な方法があります。

自分に質問すればいいんです。

「お熱いのがお好き」「アパートの鍵貸します」などで有名な映画監督ビリー・ワイルダー監督は、仕事部屋に、「How would Lubitsch have done it?」（「ルビッチならどうする？」）という額を飾っていたそうです。ルビッチとは彼の師匠です。

師匠なら、ここはどう考えるか、という視点を日常に持ち込むんです。

僕の場合なら、「スティーブ・ジョブズ」なら、ここはどう考えるかと問います。そう質問した瞬間に、僕の性格の中に、ジョブズという「キャラクター」が増えたことになります。

ジョブズは、「ここは死んでも妥協しない」とか言い残して去っていくわけですが、深刻な場面では、「クレヨンしんちゃんならどうするか?」と自分に問いかけ、肩の力を抜くのもいいでしょう。肩の力を抜いた瞬間に「プレイヤー」意識が戻るからです。クレヨンしんちゃんの答えは、いつも「お尻を出す」でしょうけど(笑)。

イグゼロさんのアイデアをもう一度かりるなら、この問いは秀逸です。

「もし、いま自分が〝理想的な自分〟だったら、どうするだろう?」

僕は、コピーライターもやっているのですが、こんなことがありました。徹夜でコピーを仕上げて、提出してほっとしていたら、翌日に商品の仕様そのものが変更になって、「すいません、明日までに変更したコピーをお願いします」って。「えーーーー。どんだけこれに時間かけたと思ってるんだ」という思いも正直ありましたが、ここで、理想の自分キャラならどういうだろうって考えてみたんです。浮かんだ言葉はこう。

「ははは。仕様変更? よくあることじゃないですか。何度でもやりますよ」

実際に、担当者にそう伝えたら、その人は僕の大ファンになってくれて、以来、ギャラの高い仕事を僕にまわしてくれたりするようになりました（笑）。

日本には八百万《やおよろず》の神というようにいろんな神様がいます。怒りっぽい神様もいれば、涙もろい神様もいる。神様の性格だってワンパターンじゃないんです。同じように、あなたも、いろんな性格の自分を創造して、適材適所、もっといろんな自分を楽しんでみましょう。

僕は、ずっと「僕は人見知りだから」とどんなときも無意識に人見知りな自分を選択して生きていました。確かに学生のときは人見知りだったんですが、いまは違うのに、ずっとその頃の意識をひきずって、人見知りワールドの中で生きてきてしまったんです。

ある日、もう人見知りはやめようと思いました。のび太、やめようって。

これからは、ジャイアンと出木杉《できすぎ》君を足して2で割ったキャラとして生きようと決めたんです（笑）。

だって性格が自分じゃないから。

ここは、このキャラで行く。

そう決められるのが、本当の自分です。

さあ、今日はどんな自分でいく？

毎朝、服を選ぶように自分の性格を選んでからでかけよう。

EPISODE 20

すれ違いLOVE

――結婚したら幸せになれると思っているあなたへ

「たくさんの敵に出会ってきたが、妻よ、お前ほどの奴はいなかった」

――バイロン（詩人）

僕の友人が離婚したときのセリフ。

「世の中に、こんな開放感、こんな幸せってあったんだね」

結婚って2度幸せになれるようです。

1度目は結婚したとき。

2度目は離婚するとき（笑）。

「結婚したら幸せになれる」という常識は幻想だったということです。今度、結婚して10年以上たつご夫婦に聞いてみてください。

パートナーに対する文句がマシンガンのように飛び出してくることでしょう。

どうして好きで一緒になった相手がこうも敵になってしまうのか。

原因があるんです。

それは「愛のカタチ」がすれ違ってるからです。

あるご夫婦が起業して一緒にお店をすることになりました。お店を立ち上げたばかりなので当然、お客さんもまだ少なく、これからどうしていこうか悩まれていました。

たまたま僕は、そんなご夫婦の間に入って話を聞かせてもらっていたんですね。

ご主人の思いをまず聞いてみたら、とにかく奥様を幸せにしたいというのです。

そのため、奥様に余計な心配をさせないために、仕事の課題を奥様に相談せず、なんとか自分一人で解決しようとがんばっていたのだとか。

でも、奥様からすると、そんなことだったら、「早く相談して欲しかった」というのです。

ご主人の愛のカタチは、「妻に余計な心配をかけない＝相談しない」でした。

でも、奥様の望む愛のカタチは、「一緒に考えて、力を合わせてお店の課題を解決していきたい」でした。

お互いの根底にあるのは、お互いを思いやるとても美しい愛です。しかし、その愛の表現《カタチ》がまったく相手が望むカタチになっていないので、ピースとピースが噛み合っておらず、そこにあるのはむしろストレスだったのです。

仕事で成果を出せていないご主人は、それならばまずは家事、洗濯を一生懸命やって家のことで奥様をラクにさせてあげようとがんばっていました。

美しいご主人の愛のカタチです。

でも、奥様はそんなご主人を見るのがなんとストレスだったとか！

奥様が望むのは、せっかくご主人が脱サラして起業して、一緒に仕事をすることになったんだから、家のことより、ご主人が仕事を楽しくやっている姿こそ見たいということでした。

ここでもすれ違っていたのです。

お互いにお互いを思いやってるのに、望む愛のカタチがズレている。

ストレスの原因が愛だなんて、もったいなくないですか？

でも、これは、すべてのパートナーシップに言えることなんです。

芸術家・岡本太郎のパートナー岡本敏子さんもこう言っています。

「男は考え違いをしている。一生懸命、無理して役割を果たしているのに、女はちっともわかってくれないと心外に思っているだろうが、わたくしたちは、何もそんなことを頼んでいないのよ」

（「愛する言葉」より）

とはいえ、女性も考え違いをしているんです。

長野の阿智《あち》村で、日本一の星空ピクニックをしたことがあります。そのイベントを主催してくれた方は、イベント主催が本職ではなく、僕の読者の主婦の方なんですが、ご主人の力をできるだけ借りないで自分でなんとかがんばろうとしていました。

ところが、僕らの借りていたレンタカーのタイヤがパンクして、すぐには代車がこないことがわかり、ご主人にＳＯＳをする以外になくなり、ご主人に来てもらったんです。

で、イベントは大成功に終わって、イベントを助けてくれたご主人にも声をかけて焼肉屋で打ち上げをしていたんです。

そのとき、ご主人にいろいろ話を聞いてみると、ご主人は、このイベントの助けを求めたことに対して、頼まれると頼られてると感じてすごく嬉しかったのだとか。

でも、彼女は、「普段、頑張ってくれてるご主人にこれ以上いろいろ頼ってはいけない」と思って一人でイベントの準備をがんばっていたのです。ご主人を思いやった上での素晴らしい奥さんの愛です。

しかし、ご主人が望んでいたことは、「むしろ頼って欲しかった」だったんです。

「すれ違いＬＯＶＥ」

まるで歌のタイトルのようですが、愛は面白いくらいすれ違っているのです。

まず、そこを知ることです。

それがわかれば、あとは、一つ一つ丁寧に相手の望む愛のカタチをお互いに確認していけばいい。お互いの愛のカタチの取扱説明書をつくればいいんです。

そうでないと、愛が原因で戦争（ケンカ）することになってしまいますからね。


最後に、僕は、先のご主人に聞きました。

「ご主人が、奥さんに望む愛のカタチはなんですか？」

ご主人はこう答えました。

「料理をするときは、味見をして欲しい」

ご主人が奥様に唯一、望むことってそこだったんだ……。ウケました（笑）。


彼女は「彼に頼ってはいけない」と思い込んでがんばっていた。でも、彼は、むしろ頼って欲しかった。そんなことより、料理を味見して作って欲しいと思っていた。

このように、世界中いたるところで、愛はすれ違っています（笑）。

愛のすれ違いの撲滅《ぼくめつ》運動に、ひすいこたろうはこれからも尽力していきたいと思います。

あなたの愛のカタチと、恋人の愛のカタチは違います。
まずそこに気づくことです。

EPISODE 21

武器は欠点

自分のダメな所を
どうしても好きになれない
あなたへ

「欠点とはあなたに欠かせない点」

おもちかあちゃん（漢字セラピスト）

出典「面白いほど幸せになる漢字の本」／ひすいこたろう＋はるねむ／中経の文庫

国民的人気マンガ『スラムダンク』の作者の井上雄彦さんは、このマンガの成功の秘訣を聞かれて、こう答えていました。

「登場人物すべてに、必ずひとつ欠点をつくること」

なんでもできるオールマイティな人間は絶対につくらないのだとか。


例えば、主人公・桜木花道は才能はあるが経験がない。

そのライバル・流川楓《かえで》はテクニックはスペシャルで天才的ですが体力がなく、すぐに、「はーはー」となってしまいます。宮城リョータは、すばしっこくて敏捷《びんしょう》性はピカイチですが、身長が低くバスケでは不利。キャプテンの赤木剛憲は、センスもあり、リーダーシップもあり、情熱も申し分ないんですが、いかんせん、顔がゴリラに似ています（笑）。

しかし、欠点がひとつも見当たらない選手がいたんです。

仙道彰選手。僕がスラムダンクで一番好きなプレイヤーです。身長は１９０ｃｍ。バスケセンスはバツグンで、ゲームを作る能力もあり、しかも個人プレーだけではなくチーム全体を生かすプレーもできる。顔も超イケメンです。

「登場人物すべてに、必ずひとつ欠点をつくること」

これには、例外があったのではないかと思ったんですが、ようやく仙道選手の欠点を見つけました。

ここ一番の試合では必ず負けてしまう。仙道選手は運が悪いんです（笑）。

だからこそ、仙道ファンの僕としては、ここ一番の試合で「今度こそ勝ってくれー」と、思わず熱い声援を送ってしまうわけです

必ず登場人物に欠点をつくる。これが漫画を面白くするコツなのだとか。

明石家さんまさんは、魅力だけでは人気者になれないと語っています。魅力にスキがあって初めて人気者になれるのだそう。

魅力×スキ＝人気者ってことです。

で、そのスキって、欠点や短所であったりするわけです。人は長所で尊敬されるけど、短所で愛されたりするんですよね。

それがスキです。

作家の内田百閒《ひやっけん》さんはこう表現しています。

「蓮根《れんこん》のうまいところは、どこかご存じですか。穴があるからうまいのです」

穴、スキ、欠点、それこそあなたの持ち味です。

長所を伸ばせば、スキは「味わい」になるのです。

そして、登場人物どころか、本人に大きな欠点があるのが、これまた国民的人気マンガ『俺の空』『サラリーマン金太郎』を描かれた本宮ひろ志さんです。

本宮さんは、漫画家にもかかわらず、なんと絵が下手なのだそうです。本人がそう言っているのですから間違いないでしょう(笑)。

『サラリーマン金太郎』(集英社)の1巻の前書きでこう書かれています。

「私は、幸いなことに、絵が下手である。

マンガ家のくせに絵が下手なことが、なぜ幸いなのか。

下手だから、絵を人にまかせられる。おそらく日本中でいちばん、机の前に座っていないマンガ家だろう。ブラブラする時間があることは、他のマンガ家にくらべ、私は有利だと思っている。何事もそうだ。自分の欠点を逆に活かせば、それは他人にない武器となる」

このように、欠点を活かせば、武器にもなるのです。

経営者の友人の会社は、優秀なスタッフが多く、独立したら、すぐに収入が倍になりそうなメンバーがいます。でも、なぜかずっと彼のもとで働いている。あるとき、その理由を聞いてみました。

彼らの答えはこうでした。「うちの社長、僕らがいなくなったら、やっていけませんから」。社長は欠点だらけだからこそ、自分ひとりではできないことを誰よりもわかっている。だから、部下にいつも感謝をしています。

そんな社長は部下からとても愛されているんです。

人生はパズルなんです。

あなたの凹んでいるところが、誰かの凸とつながるからこそ、パズルは完成します。

また、パズルには、ダメなピースなんてないんです。「この部分は欠点だから、いらない」って、ピースをひとつ捨ててしまったら、どうなるでしょう?

パズルは永遠に完成しなくなってしまいます。どんな小さな破片でも、それはなくてはならない、全体を構成するワンピースです。


自分のダメな所をどうしても好きになれないあなたへ。

犬を見てみて。

猫を見てみて。

彼らは、計算もできないし、料理もできないし、いろんなことができないよ。
でも、めちゃめちゃかわいいよね?
何もできなくたって、そのままでかわいいんです。
君だって、そうなんだよ。

EPISODE 22

すごみのある一言

夢や希望のない人生は
つまらないと
思っているあなたへ

「私は、『夢も希望もない暮らし』をしています」

小林正観（心理学博士）

出典「究極の損得勘定」／小林正観／宝来社

世の中には、とんでもない人がいるものです。

その人は、もともとは旅行作家でした。仕事がら全国を旅するうちに、旅先で人生相談にのることになります。すると、その人生相談が好評で、「私も相談にのってほしい」という声が全国であがり始めました。本業は旅行作家なので、困ったその人は、一人一人に相談にのらなくてすむように、「こういうふうに考えるといいですよ」と原稿にまとめてコピーで渡すようにしました。

すると、今度は、そのコピーが一人歩きをして、読んだ方から、「講演をしてほしい」という要望が殺到。それを本にしたいという人もあらわれ、その人の本をだすために出版社が3社も作られたほどです。

ついには年間300回以上の講演依頼をこなすようになり、60冊以上の本を出版。八重洲ブックセンターの人文部門の年間1位から4位までを独占したときもあったほどです。

僕は、いろんな先生から、ものの見方を学ばせてもらったのですが、この先生からは大きな影響を受けました。この先生が講演で口にしていた言葉がこれです。

「私は夢も希望もない男です」

はい。心理学博士の小林正観《せいかん》さんの言葉です。

この言葉を聞いたときは、衝撃でした。

その心はこうです。

「夢や希望を持つということは、もっと欲しいものがあるということ。

もっと欲しいということは、いまは不足だということになります。その不足の心を抱いてるうちは、どんなにたくさんのものを手に入れても、本質的には幸せや豊かさはやってきません。幸せや豊かさは、いますでに満たされてることに気づき、感謝できる心があってはじめて、感じることができるものだからです」

夢や希望をもっている人の中には、その背景に、現状への不満があったりする。現状へ「不満」をもつ前に、現状が「感謝」すべき状態であることに気づきませんか?

というのが正観さんの趣旨です。

例えば、ご主人や奥様に不満がある場合。

うちの旦那はこんなところがダメ、あんなことがダメっていろいろあると思いますが、

「ご主人が隣のおじさんだと考えてみたら」

と正観さんは言います。

隣のおじさんが、毎月給料を届けてくれたら、それは、涙が出るほど有り難いことですよね？（笑）。隣のご婦人が、毎朝食事の用意をしてくれて、掃除もしてくれたら、「あなたはマザーテレサですか？」ってくらいに感動ですよね？

でも、それを普通にやってくれているのが、ご主人であり、奥様なのです。

夢や希望の前に、いまこの瞬間に恵まれていることに気づくことが先ではないか、という視点にぼくは射抜かれました。

生前、正観さんの体調が優れないのを見て、「いますぐに入院したほうがいい」と講演活動をストップさせて入院させようとしたお医者さんがいます。

その主治医の方が本を出されており、それで僕も知ったのですが、正観さんはぎりぎりまで、入院を避けたのだそうです。なぜか？

入院してしまうと、頼まれごとがこなせなくなるからです。

正観さんには2年先まで講演依頼が入っていたそうですから。

正観さんは、最後は腎不全で亡くなるのですが、亡くなる10年前から、「私は過労死で死にます」と笑いながら講演で話されていました。

正観さんは、必ずしも、自分の好きなことに命をかけたわけじゃないんです。**頼まれたことに、淡々と命をかけたんです。**

すごい生き様を見せてもらいました。

夢や希望が悪いってわけじゃないんです。

恵まれていることに、気づいたうえで、夢があるなら、大いにそこに向かえばいい。

不足（恐れ）から出発するか、感謝（愛）から出発するか、これでたどり着く先が大きく違います。

「種」には未来の「花」が内包されているように
スタート地点にゴールが内包されているのです。

感謝から旅立てば、ゴールも感謝です。

あなたがそれを望むのは、恐れからか、愛からなのか、そこを見極めてくださいね。

結婚したいけど、なかなかできないという方は、周りの目を気にして結婚しないといけないと思っていたり、老後が心配だからとか、恐れが起点になっている人が多いそうです。

そんなときは、パートナーとこんなデートをして、こんな生活を送り、こんな関係を築きたい、そして、こんなことをしてあげたい、などとワクワクする想像をしてみてください。それは愛が起点になっています。

種が、愛か、恐れかで咲く花は決まるのです。

「夢をかなえる最善の方法は、目を覚ますことだ」

これは、ポール・ヴァレリーの言葉ですが、目を覚ますとは、いま、目の前にある「ありがとう」に気づくことです。

「人生にはたくさんの奇跡があると思うの。ここにこうして生きていることも奇跡だ

し。**『奇跡』にみんな気がついてないのよ」ダコタ・ファニング（女優）**

そうです。いま、こうして生きていることこそ、至上最高の奇跡なんですから。

最後にもうひとり、僕の、ものの見方の師匠、みさきよしのさんから教えてもらった言葉をプレゼントしましょう。

「いま、ここで心が満足していれば、どこへも行く必要はない。で、そういう人が行きたい場所に行けるんです」

EPISODE 23

規則その6を思い出せ

――ものごとには真剣に
対処しなければいけないと
思っているあなたへ

「そんなに大層なことは、この世にひとつもない。大概、笑ってごまかせることだ」

——**森繁久彌（俳優）**

出典「癒しの言葉」／いのちの言葉編集部 編／ハルキ文庫

ある国の首相ふたりが話し合っていると、ドアをあけて、あわてて駆け込んできた男がいた。すると、地元の首相が入ってきた男にこう告げました。

「ピーター、規則その6を思い出しなさい」

すると、彼は憑《つ》き物が落ちたように冷静になり、お詫びの言葉を口にして首相室から出ていきました。20分後、今度は興奮した女性が入ってきました。身振りが激しく、首相に何かを主張しています。

首相はまたも先ほどと同じ言葉をかけた。

「マリー、規則その6を思い出しなさい」

すると相手は冷静になり、会釈をして出ていった。

入ってくるときには慌てていたふたりが、「規則その6を思い出しなさい」と言った途端に冷静に戻るのです。訪問国の首相が、地元の首相に尋ねました。

「これほど驚いたのは初めてです。ぜひ、規則その6のヒミツを教えてもらえませんか？」

規則その6、なんだったと思いますか？

規則その6は……

「あまりくそまじめになるな」

なるほどと感心した訪問国の首相は、ほかの規則も知りたがった。

規則その1、その2、その3は……

「ほかも何も、これだけです」。

ユーモアを忘れず深刻になるな、ということです。

こんな例があります。
ビートルズの曲にある、「ノルウェーの森」というタイトル。
これ、実は本来の意味は
「ノルウェー製の木製家具」なんです。

日本EMIで初代ビートルズ担当だった、高嶋弘之さんがタイトルをつけたのですが、この高嶋さん、英語が得意なわけじゃなかった。「どうしよう、英語がわからない」

普通なら、そう深刻になってもいい場面。しかし、高嶋さんはどうしたか。

「規則その6」の発動です。くそまじめにならずに気楽に考えた。

自分の知っている単語の中で、適当につけたんだそうです（笑）。

曲の感じが森みたいだしねー。いいんじゃないって。そうしたら、間違ってた！　しかし、「森みたいだしねー」という感覚が見事に曲の空気感をつかんでおり、村上春樹さんの名作で世界的に評価されている、『ノルウェイの森』を生んだ。

くそまじめにやるからといって、いい結果が出るとは限りません。むしろ、その逆。ゆるんだ人だからうまくいくんです。

深刻になっているときは、呼吸は浅く、自分のことしか考えられない状況になっています。また、「思考」が優勢になっているので、逆に「感覚」（五感）は閉じています。考え事をしてごはんを食べると、ひとつひとつの味を感じられないですよね？　それと同じです。くそまじめにならず、リラックスして、感覚を開いている方がむしろ直感は働きます。

くそまじめになっている自分を感じたら、まずは「ふーーーー」と深呼吸。ふーっとモヤモヤを吐き出して、そして、「規則その6」を思い出してください。すると、ふっと肩の力が抜け、縮こまった自分の心にスペースが広がるのを感じるはずです。

たかが人生、遊びじゃないか。

だって、僕らが生まれてきた理由は、こうだから！

「われわれは、この地球に住んで、ばかばかしいことをするために生まれてきた。これに関してはだれにも違うとは言わせない」カート・ヴォネガット（作家）

出典「国のない男」／カート・ヴォネガット／日本放送出版協会

EPISODE 24

0.1%の変化

――生き方を変えるのは大変だと思いこんでいるあなたへ

「今いるところから始めよ。持っているものを使え。できることをするんだ」

――アーサー・アッシュ（黒人テニス選手）

出典「世界のトップアスリート英語名言集」／デイビット・セイン　佐藤淳子／ジェイ・リサーチ出版

さて、ここまで読んできてくれてありがとう！
ここまで様々な常識を疑ってきましが、気づいたのではないでしょうか。
いま、いるところに可能性があったことに。
いま、持っているものに可能性があったことに。
あとは、ただ「できることをするんだ」

とはいえ、「人生を変えるのは大変だ」という思い込みもまだあることでしょう。

その思い込みも外しちゃいましょう。


実は人生に奇跡を起こすのは、そう難しいことじゃないんです。

0・1％で人生は変わるからです。

昨日よりも今日、0・1％でいいので、人生が楽しくなる方向へ一歩ずつ踏み出し続ければいいのです。


毎日0・1％ずつ変化すると、どうなると思いますか？

5年後には、6倍変化したことになります。

10年後にはなんと、38倍もの変化です。

38倍って、年収で計算したら、いかにすごいことかわかりますよね？

2倍可能性が広がるだけだってすごいことです。

0・1％の積み重ねで人生は大きく変わるのです。

左図を見てください（次のページにもあります）。
●が１０００個あります。０・１％とは、この１０００個の中から、毎日、●をひとつだけ変化させ続けていくだけでいいということです。１日２つも変化させることは絶対にやめてください。１日に２つも変化させると、10年後には１４６６倍にも成長しちゃいます。人間そこまで変わらなくて十分幸せです（笑）。

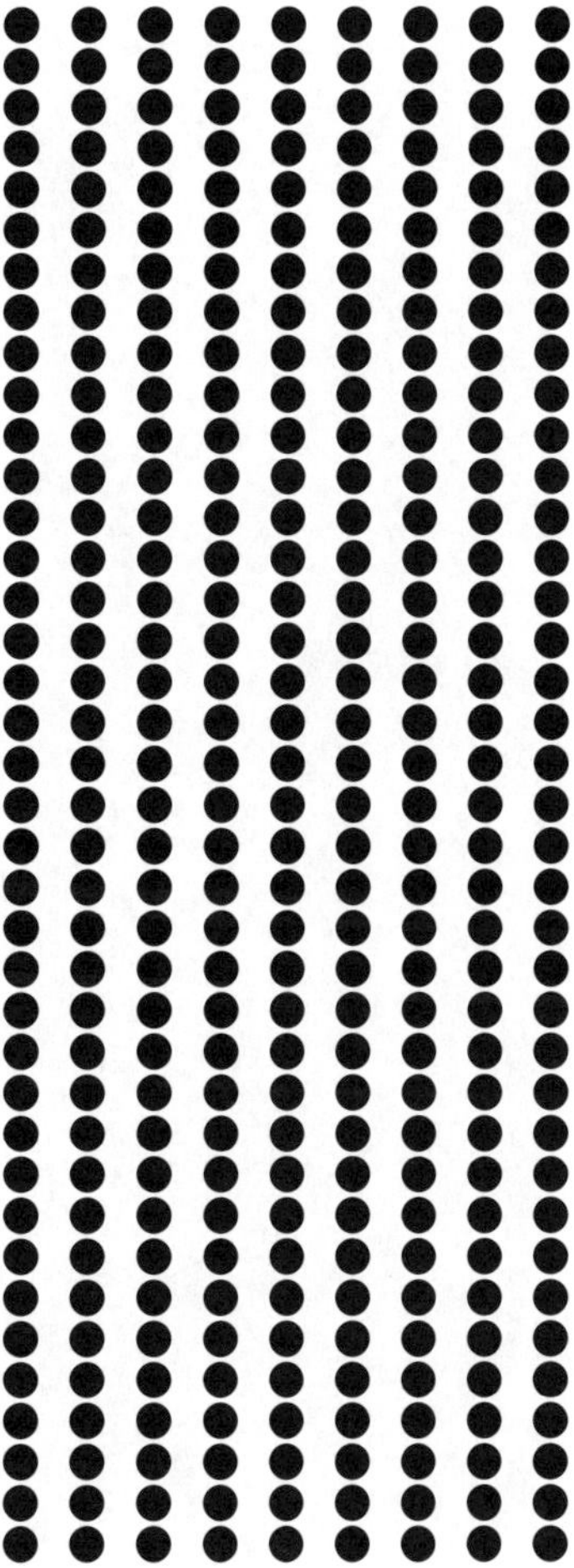

大リーガーのイチロー選手が言ったとおり、**「小さいことを重ねることが、とんでもないところに行くただひとつの道」**なのです。

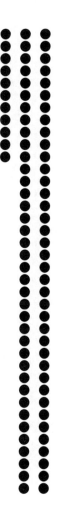

この0・1%の変化というのは、本当に小さなことでいいんです。

ホスピタリティが定評のリッツカールトンホテルの元日本支社長の高野登さんは、今日着た背広を、1日の最後に「今日もご苦労様」と声をかけて洋服ダンスにかけることを続けていくだけでも、まったく違う存在になるとおっしゃっています。

靴も毎日ではなくても、磨いて木型にいれて下駄箱にしまう。

そんな小さな行動パターンでいいので、自分の習慣にできると、今度は、まわりにも気が配れるようになるといいます。そういう些《さ》細《さい》なことを意識しているホテルマンが20人いるのと、していない人が20人では、ホテル全体の雰囲気がまったく違ったものになるのだとか。


小さな、当たり前のことでも続けていくことで当たり前のレベルが上がる。

それだけで感性は磨かれると高野さんは言います。

今日できる0・1％の一歩に、100％の愛をこめていけばいいのです。

共著者である、石井しおりさんも、小さなことを続けることで、思わぬ変化につながったことがあります。

以下は石井さんにバトンタッチです。


わたし（石井）は毎日残業に疲れ果て、眠れなくなり、読書が一切できなくなってしまった時期が数年間ありました。それまで大好きだったのに、どうして本が読めないのか、自分でもわかりません。そんなときに、『ハッピーな人々の秘密』という本をたまたまめくってみたら、ある言葉が目に飛び込んできました。脳卒中になり、大好きなサックスの演奏ができなくなってしまった、87歳のミュージシャン、モーリス・ワシントンの言葉です。

「もうサックスが吹けなくなってしまったからね……
これからは歌うことにしたんだ！」

すごく心に響きました。

病気で楽器が演奏できなくなった。それは変えられない事実。ならば、歌えばいいって。どんなときでも、人は可能性を見つけることができるんだって。それは87才になっても。

この言葉で、久しぶりに本を読みたくなりチャレンジしたのですが、でも、やっぱり活字を見ると一瞬で疲れてしまい、読めないのです。毎日表紙をながめているだけでした。

あるとき、お風呂ならリラックスして読めるのではないかと湯船に浸かって本を読んでみることにしました。でも、10行ぐらいしか読めない。ひどいときは3日間、同じページの同じ行を読んでいたこともありました。

読んでも読んでも頭に入らないのです。

それでも、お風呂にはいるときは1行でも読めればいいからと続けていました。
357ページのこの本を全部読み終わるまで、なんと1年半もかかりました。

その後もお風呂読書を続け、そのときに出会ったのが、ひすいさんの『3秒でハッピーになる名言セラピー』だったのです。この本に掲載されていたメールマガジンを通して出会いにつながり、ひすいさんは、わたしの本に関する知識を評価してくれ、ネタを少しずつ提供するようになりました。そんな小さなことを重ねていったら、今度は、著作に関するちょっとした仕事を依頼してくれたのです。その次は、歴史の本の企画と編集に関わらせてもらいました。

そして、しばらくすると、ひすいさんはこう聞いてくれたのです。

「しおりさんだったら、どんな本を出したい？」

私はこう答えました。

「世の中の常識をひっくり返すような本だったら、書いてみたい」

こうして生まれたのが、この本です。

本が読めなくなり、それでも1行でもいいからと1年半かけてお風呂で読み続けてきた「ハッピーな人々の秘密」が、わたしをこの本に導いてくれたのです。

自分がこうして、本を出版することになるとは、あのときは想像もしていませんでした。

最後に、この1年半のお風呂読書の中で出会った、わたしのお気に入りの名言をあなたにプレゼントしたいと思います。

「歌いたいと願うものは、必ず歌を見つけ出すものである」スウェーデンのことわざ

EPISODE

25

誰かのような人生を生きることに意味はない

——明日から生きる自信を持てないあなたへ

「自分自身を自由にするのは、自分しかいない」

――ボブ・マーリー

出典「CATCH THE FREEDOM ボブ・マーリー言葉集」／A-WORKS

デパートに行って、1万円のカバンを買いに行ったとします。

でもいざ買おうとしたら、財布には千円しかなかった。

これでは買えないですよね？

でも、家で服を着替えたら、シャツのポケットから1万円が出てきたら、どうですか？　実際は1万円もっていたんです。でも買えなかった。

「もっていない」と思い込んでいたら、実際にはあっても使えないんです。


「事実」が人生を決めるんじゃない。

あなたがどう思っているのかが、あなたの現実をつくります。

そして、どう思うのか、どう受けとめるのかは、あなたが自由に選び取ることができるのです。

どうしたいのか、僕らは選ぶことができるんです。

僕らは普段考え事をしていますが、その考え事をしている自分を外から意識したことはありますか?

僕は、カミさんと仲が悪くケンカばかりしていた頃、ケンカの最中に、自分の心の動きを心の中で実況中継してみたことがあるんです。

（あ、いま、オレ、カミさんの言動にめっちゃ腹が立ってる。お！　いま、自分は、テレビのリモコンを握りしめた。これを床に思い切り投げつけたいくらいイライラしてる。お、投げるか!?　でも壊れたらリモコン壊れて使えなくなるな、とか密かに思って躊躇《ちゅうちょ》し始めたーーー!）

こんな感じで、深刻になってケンカしてる最中に、自分の心の動きを心の中で実況中継してみたんです。すると10分もしないうちに、怒ってる自分に笑えてきたんです。

そのとき、このまま怒っていてもいいし、笑ってもいいし、どちらかを選べたんです。笑う方を選びましたけどね。

このときに気づきました。怒ってる自分が本当の自分じゃなくて、怒ってる自分の心の動きを観察してる方が本当の自分だって。

「人生ＲＰＧ」のところで触れた例でいうならば、怒ってる自分がゲームの「キャラクター」で、怒ってる自分に気づいてる自分がキャラを動かす「プレイヤー」（本当の自分）のほうです。

自分の本音に気づいているほうのあなた（プレイヤー）は、どんな自分でも選び取れるんです。これまでの過去の自分のイメージなんか吹っ飛ばして、いま、この瞬間に、どうしたいのか、どういう自分でいたいのかを選び取れるのです。

プレイヤーは、このＤＶＤは飽きたから、こっちのＤＶＤ見ようって、現実を選べるのです。

「自由」とは、自《みずか》らに由《よ》ると書きます。
逆を言えば、自分を縛っているのもまた自分なのです。
だから、縛りを解くのも自らに由る。

乙武洋匡《おとたけひろただ》さんが『オトことば。』（文藝春秋）という本の中で、こんなふうに人生相談に答えていました。

「乙武さん！　私、いま進路について両親と意見が合いません。やっぱり親の意見を聞くべきでしょうか？」

乙武さんの答えはたった4文字でした。

「誰の人生？」

そして、「生きるってどういうことでしょうか？」という質問にはこう答えていました。

「この先、他人から得た答えで生きていくの？」

人は、死ぬ前に自分の人生の意味を問い始めます。
なんのための人生だったのか？
どんな物語を生きたのか。
最後に問われるのです。
自分の人生の意味（物語）を。

どんな思い出を持って帰りたいのか、
答えはあなた自身が選び取るんです。

常識で世界を見るのではなく、他人の意見で世界を見るのではなく、
あなたが見たい世界を、あなたが幸せに感じる世界をあなたが選べばいい。
あなたがあなたの人生の指揮官です。
あなたがあなたの宇宙の王者です。

失敗を恐れることはない。
孤独を恐れることもない。
不安を感じても大丈夫だ。
自分の胸の奥にいる本当の自分が、いつもキミと一緒にいてくれるから。

あとは、胸をはって、キミはキミの歌を歌えばいい。

だって、だって、だって、だって、だって、

EPISODE 25　誰かのような人生を生きることに意味はない

EPISODE 26

世界平和の雛形《ひながた》

世界から戦争をなくすなんて
絶対に無理と思っている
あなたへ

世界平和の雛形

「あなたがどこから来ても、何の言語を話し、何歳であろうが、僕たちはひとつ」

――BTS

出典2019年5月5日アメリカ・ローズボウルBTSコンサートより

2018年にとても驚いたことがありました。アジアのグループがアメリカのビルボードミュージックアワードの舞台で歌ったのです、韓国のBTSというグループです。

私（石井）は音楽が好きで、ビルボードの授賞式もよく見ていましたが、アジア人がアメリカの音楽の授賞式で歌を披露するなんていうことが起きるとは、想像もできませんでした。これは奇跡です。

では、どうしてBTSはビルボードミュージックアワードに出演することになったのでしょうか。

きっかけは、2017年のビルボードミュージックアワード「トップ・ソーシャルアーティスト賞」にノミネートされたことでした。この賞はファンからの投票により決まるのですが、アメリカでメジャーではないアーティストが、初めてノミネートされたというのは大きなことでした。

このとき、BTSは韓国ではすでに大人気のアーティストで、海外でも日本やアジアだけでなく、アメリカ、南米、ヨーロッパ、アフリカ、あらゆる国にファンがいて、ツイッターなどのSNSでBTSを話題にしてすごく活発に交流していました。BTSがSNSに何か投稿すると即座に何十万というファンの反応があり、その数の多さがソーシャルアーティスト賞のノミネートにつながったのです。

韓国語でしか情報が発信されなくても、すぐに誰かが他の言語に訳して、情報の共有がされていたので、BTSのことを知るのに、自分の母国語が何かはあまり関係ありませんでした。

トップ・ソーシャルアーティスト賞にノミネート後、ファンたちは色めき立ちます。

ＢＴＳメンバーのひとりが出した曲の中で「次の目標はビルボード」と歌っているのですが、その遠く見えた目標ビルボードに、もしかしたら、本当に手が届くのかもしれない、と皆で思い始めたのです。そして、目標は現実になります。ビルボードからＢＴＳに授賞式の招待状が届いたのです。**世界中のファンたちは協力し合い、ものすごい数の投票をＢＴＳに入れていました。**

ＢＴＳがラスベガスの授賞式に来る。ファンたちは「ＢＴＳの力になりたい、初めてのアメリカの授賞式でホームのように感じて欲しい」と会場に多数集まります。授賞式のチケットは簡単に手に入らないこともあり、会場の外で待つ人もたくさんいました。ラスベガスは乾燥して日中は気温が高くなるので、会場に集まる人の体調を考え、何か応援したいと考えるファンの皆で寄付を募り、現地にいる方に軽食と飲み物を差し入れました。警備員は外に集まった数百人がＢＴＳの名前を呼び続け、歌を歌ったりしながら会場に来るのを待つ様子の動画を撮りながら、いままでにこんなことは見たことがないとコメントをしていました。

ファンの大声援の中、ＢＴＳはトップ・ソーシャルアーティスト賞を受賞。授賞式で「僕たちにチャンスを下さい」とコメントしています。授賞式の舞台に上がったことで、一筋のチャンスはつかんだ。しかし、曲をアメリカのチャートにのせなければ、このチャンスを逃してしまう、そう考えたファンたちは、また行動し始めます。

アメリカは車社会なので、ラジオを聴く人が多く、ラジオで曲がかかることがチャートの反映にとても重要です。韓国語の曲をかけてくれる局はほとんどないので、アメリカのファンたちは、地道に曲をリクエストし、かけてもらえたら、お礼に花を送ったり、ピザを差し入れし、時間をかけてBTSの曲をラジオでかけてもらい、アルバムが出たら買い、買えない若いファンには寄付を募り、MP3をプレゼントしました。アメリカだけではなく、世界中のファンたちの地道な努力が続く中、BTSも動きます。

ビルボードの授賞式をきっかけに会った、アメリカで有名な日系のミュージシャン、スティーブ・アオキさんとのコラボレーションの曲が発表され、アメリカのiTunesチャートで1位を獲得。

ＢＴＳの曲はほとんどが韓国語でリリースされていますが、彼らの言葉は国籍も年齢も性別も関係なくファンに届き、曲やコンサートを通してたくさんの言葉を投げかけます。何があっても大丈夫、自分を愛そう、あなたのことを話して、と。

ファンたちは、私の名前は、年齢は、こんなことをしていて、などとＳＮＳで答え、それを見たファン同士も個々に交流を始めて友達になり、たくさんのつながりを生んでいます。

手術を受けるファンが、ＢＴＳファンの看護師さんと手術前に一緒に曲を歌い、気持ちを落ち着けていた様子を公開し、それを見た人たちが回復に向けて励ましの言葉をたくさん送り、もう治らない病気であることを告白していたファンが亡くなったときは、私たちの翼から羽をひとつ失いました、と悲しい報告が上がったこともありました。

ＢＴＳの曲を演奏してもらい、バージンロードを歩いたファン、ＢＴＳが好きなおばあちゃんにコンサートのチケットをサプライズでプレゼントした様子（おばあちゃんは号泣）、精神的に病んでいた娘が笑顔で嬉しいとコンサート中に娘の顔を撮って報告するお母さん。いろいろな国のさまざまな環境のファンたちがBTSを通して嬉しいことも悲しいことも世界中で共有し、次第にBTSを包む大きな翼として広がりを作っていきました。

また、BTSも自身の持つ葛藤について、ファンから助けられているとコンサートの中で言っています。

「コンサートツアーの中で、僕は自分を愛する方法を見つけていると思う。自分を愛することについて僕は何も知らなかったけれど、皆さんの目を通して、皆さんの愛、皆さんのツイート、皆さんからの手紙、すべてを通して、皆さんが僕に教えてくれたんです。意図したわけではないけれど、自分を愛することに皆さんを使っているように感じる。だから、僕を使ってください。あなたを愛するためにBTSを使ってくださいい。なぜなら、あなた方はどうやって自分を愛するか僕に教えてくれている、毎日。」

そして、2018年のビルボードミュージックアワードでは、ついにパフォーマーとして呼ばれます。1曲に対するダンス、歌唱の練習量は半端ではなく、デビュー前は

1日15時間練習で踊っていたこともあるそうです。曲はメンバーが歌詞を書き、作曲もします。

無名の小さな事務所に所属し、大きな宣伝力や資金もなく、すぐに売れたわけではないBTSの人気は、ただ運が良かった、たまたま曲が流行ったのではなく、メンバーたちの長い地道な努力の上に築き上げたものでした。その成果がアメリカでも花開き、2019年には、トップ・デュオ・グループ賞も受賞しています。ついに、アメリカでアーティストとしても評価されたのです。

BTSは受賞してコメントをするとき、必ずファンの名前を一番最初に呼びます。

「ARMY!」

BTSと所属事務所の努力だけでも、ファンの力だけでもなく、お互いが手をとって進んできたことが、世界に広がる大きな輪として広がり、ファンはひとりひとりが羽となってBTSに翼を持たせ、想像を超える高い壁を飛べたのです。

その大きな翼は、国籍も年齢も性別も何も関係なく、ただ、「BTSが好き」という気持ちでつながっています。

さて、ここからは石井さんからのバトンを受けて、ひすいです。

石井さんと久しぶりに会ったとき、突然ＢＴＳの話を熱心にするので驚きました。でも、よくよく話を聞くと、**「世界平和の雛形《ひながた》」**がここにあると感動したんです。

僕らはまだ国境という壁に遮られ、国と国はいがみ合い、争い、常にこの星のどこかで戦争は行われています。いま、この瞬間にも、戦争をしている国、集団は20以上あるそうです。

でも、ＢＴＳのファンの間では、すでに国境はなく平和が実現しているのです。

世界中のＢＴＳのファンたちは一足先に国境をこえて言語をこえて交流が行われ、ファン同士、お互いに助け合っている。

その繋がりの中心は、「好き」という気持ちです。

さらに、ＢＴＳとファンは、自分を愛すること、自分を大切にすることが交流を通してお互いに教え、教えられる関係になっている。

国境をこえて助け合っている。
「世界平和の雛形」がすでにこの星に生まれていたんです。
これはこの星の未来であり、希望です。

「この広い世界の中で、僕たちを見つけ出してくれてありがとう」

（2019年7月大阪・静岡BTSコンサートより）

さあ、国境という古い常識を脱ぎ捨てて、地球人として1つに繋がろう。
「好き」という気持ちひとつあれば、僕らは全てを乗り越えられるんだ。

あとがきにかえて　石井しおり

「0点でもいいよね」

浅野忠信（俳優）

「明日学校の定期テストなので、緊張がほぐれる一言をください！」という質問への返答。


わたしは、浅野忠信さんに人生相談をしたことがあります。

出演した映画は70本以上、いまやハリウッドへも進出し、世界中で大活躍の浅野忠信さんです。

そのとき、わたしは契約社員として働いていたのですが、仕事の任期が終わり、もう今後の仕事はないと宣告を受けてしまいました。この先どうしたらいいのかわからなくなり、縁あって知り合いであった浅野さんに相談をしたんです。

「浅野さん、わたし本当は銀座線とか丸ノ内線に乗るような、きれいなＯＬさんになりたかったのに、なぜか、ぼろい格好で短期の仕事をして、任期が終わったら仕事をやめて、適当に海外でぶらぶらして、お金がなくなったらまた働く、そんな生活を繰り返している。何か始めては、すぐ飽きて放り投げてしまって全然続かないし、どうしてこうなっちゃったんだろう」

するると、浅野さんはこう言いました。

「まず、しおりちゃんの悩み方がおかしい。さっき、『最近何したい？』って質問したときに、『シベリア鉄道に乗りたーい！』って言ってたじゃん。でも本当は銀座線に乗りたかったと言う。きっとさ、銀座線がシベリア鉄道になっちゃったみたいな感じで、その悩みを本にしたらいいと思う。

同じように悩んで、共感してくれる人はいっぱいいると思うよ。

『あ』とか一文字だけでもいいから、毎日書いてみな！

それからさ、何やってても続かないって言うけど、飽きて放り投げることは続いてるんだよね？　後ろには道ができてるよ」

その日の帰り際、浅野さんは「本、楽しみにしてるからねー!」と言ってくれました。「そうは言っても、一般人のわたしが本なんて出せるわけないじゃん!」と心の中で思いました。

浅野さんに相談してから一カ月後、「アホな企画募集」というメルマガを見ました。「わたし以上のアホはおるまい」と思い、企画のメールを送ったところ、「面白い!それ採用!」と返信をくれたのが、ひすいこたろうさんです。

わたしは、アホな企画として適当に応募したのはいいけれど、何をするかわからなかったのですが、ひすいさんの中では、なんと、出版の企画だったようです!

ものすごく驚きました。浅野さんが言ったことが、本当になろうとしている……。

これが、2008年頃の話です。

どうしてわたしは0点なんだろう、って思っていたときに、

「別に、0点でもいいじゃん、それより楽しいことしなよ」

と、浅野さんが何かの可能性を見てくれていなければ、この本にわたしは関わって

いなかったでしょう。応募した最初の企画とは変わりましたが、ようやく、浅野さんの手元に本が届けられます。

浅野さんが世界中で活躍しているヒミツ、それをわたしは知っています。

それは、いつでも「今ここ」にＯＫを出して、何にでも可能性を見つけているところだと思うんです。

あるとき「わたし30になっちゃったよ！」と言うと、

浅野さんはこう言いました。「女は30からだから！　これからだから！」

大好きな人にふられて、メソメソしたメールを朝5時に送ると、5分で返信がありました。「いまは辛くても、乗り越えられないことはやって来ないし、辛いときは一番成長できるチャンスです。いまを生きてください」

浅野さんのイベントを横浜で主催したとき、

「やっと浅野さんと仕事できるくらい成長したよ！」と言うと、

「成長？　いやいや！　最初からできるはずだから！」

「最初に会ってから何年もたったけど、結婚できなかったよ！」と言うと、浅野さんは、「まだまだこれからだから！　いまからなら、落ち着いて恋愛できるよ」

「そうかなあ。でも子どもは難しいかもなあ」と、わたしが言うと、

「いやいや！　いまはみんな年齢が高くても生んでいるから。医療も発達しているし、これからだよ」

もし、自分は何も持っていない、と思ったら、この浅野さんの言葉を思い出してください。

「いやいや、まだまだ。これからだから！」

そして、これはビートたけしさんの「騙されるな」という詩です。

「人は何か一つくらい誇れるもの持っている
何でもいい、それを見つけなさい
勉強が駄目だったら、運動がある
両方駄目だったら、君には優しさがある
夢をもて、目的をもて、やれば出来る
こんな言葉に騙されるな、何も無くていいんだ
人は生まれて、生きて死ぬ
これだけでたいしたもんだ」

「ビートたけし詩集　僕は馬鹿になった」／ビートたけし／祥伝社黄金文庫

この詩を読んだとき、そうか、生きているだけでいいのか……と思い、とても感動しました。わたしは今までずっと、「自分は生きていても、なんの成果もだせず、何もできていない、何かをしなければ」とあせっていたからです。

でも、本当に何もしないで過ごすのはつまらない。そう思ったときに、この詩のあとに続く言葉があるのではないかと思ったんです。

生きているだけでOKなんだ！

「じゃあ、何する？」

って。何かしたとしても、成果は0点でもいいんです。

じゃあ、何しましょうか？

最後まで読んでくださりありがとうございました。

石井しおり

・参考文献

「スウェーデン式アイデア・ブック」フレドリック・ヘレーン　中妻美奈子監訳　鍋野和美訳　（ダイヤモンド社）
「世界一ゆる〜い♪幸せの帝王学　本田晃一公式ブログ」https://ameblo.jp/hondakochan/
「未来を発明するためにいまできること スタンフォード大学 集中講義II」
ティナ・シーリグ／阪急コミュニケーションズ
「世界一ゆる〜い♪幸せの帝王学　本田晃一公式ブログ」https://ameblo.jp/hondakochan/
「稼ぎたければ、働くな。」／山田昭男／サンマーク出版
「朝にキク言葉」／ひすいこたろう／サンマーク出版
「ニュースITJapan 2007」http://itpro.nikkeibp.co.jp/article/NEWS/20070709/277024/
「時代を変える 発想の作り方」ＮＨＫ「らいじんぐ産〜追跡！にっぽん産業史」制作班・編／アスコム
「ザッポスの奇跡（改訂版）〜アマゾンが屈した史上最強の新経営戦略〜」石塚しのぶ／廣済堂出版
「夢を実現する今日の一言」福島正伸　http://www.entre.co.jp/mag/index.html
アルフレッド・アドラーの言葉　出典「幸福を呼び寄せる世界の名言」／名言発掘研究会／はまの出版
「ニッポンのココロの教科書」ひすいこたろう＋ひたかみひろ（大和書房）

「絵本作家のぶみオフィシャルサイト」http://www.nobumi.com
「岡潔 数学の詩人」高瀬正仁（岩波新書）　「しつもん仕事術」松田充弘（日経ＢＰ社）

「ニッポンの風景をつくりなおせ」梅原真（羽鳥書店）

２００１年1月3日放送 フジテレビ『三谷幸喜からビリー・ワイルダーへ』
「あなたの大嫌いな人が１００％考えていること」／イグゼロ／きこ書房

「百鬼園戦後日記 ― 内田百閒集成〈23〉」／内田 百閒／ちくま文庫
「運命の流れを変える！　しあわせの『スイッチ』」／ひすいこたろう＋ひたかみひろ／王様文庫

「名言ナビ」http://www.meigennavi.net/pc/word/990/990003.htm
「思わずニヤリとする言葉」／晴山陽一／青春文庫
『「おまかせ」で今を生きる ― 正観さんが教えてくれた幸せの宇宙法則』／高島亮／廣済堂出版

「人生が変わる発想力」ロザモンド・ストーン・ザンダー　ベンジャミン・ザンダー　村井智之訳／パンローリング
「ビートル頭」／倉本美津留／主婦の友社

「２００４年10月3日朝日新聞インタビュー」
「未来記憶」池田貴将（サンマーク出版）
「ハッピーな人々の秘密」グレッグ・ヒックス＆リック・フォスター（総合法令）
月刊「致知」２０１２年11月号（致知出版社）

special thanks
青木　あすか
佐々木　寿子
白駒　妃登美
中村　公子
ミクハル

次はここでお会いしましょう。
あなたのメールアドレスを登録すると、
無料で名言セラピーが配信されます。

『3秒でHappy? 名言セラピー』
http://www.mag2.com/m/0000145862.html
登録してね（まぐまぐ　名言セラピーで検索）

本の感想やファンメール、寝ずにお待ちしています（笑）

ひすいこたろう　hisuikotaro@hotmail.co.jp
石井しおり　64wings@gmail.com

写真クレジット
P2－3　©Masterfile/amanaimages
P4－5　©Radius Images/amanaimages
P120－121　©Alamy Stock Photo/amanaimages

本書は２０１３年１月にサンクチュアリ出版から刊行された『常識を疑うことから始めよう』を改題し、加筆修正して文庫化したものです。

一〇〇字書評

切り取り線

購買動機（新聞、雑誌名を記入するか、あるいは○をつけてください）	
□（　　　　　　　　　　）の広告を見て	
□（　　　　　　　　　　）の書評を見て	
□ 知人のすすめで	□ タイトルに惹かれて
□ カバーがよかったから	□ 内容が面白そうだから
□ 好きな作家だから	□ 好きな分野の本だから

●最近、最も感銘を受けた作品名をお書きください

●あなたのお好きな作家名をお書きください

●その他、ご要望がありましたらお書きください

住所	〒				
氏名		職業		年齢	
新刊情報等のパソコンメール配信を 希望する・しない	Eメール	※携帯には配信できません			

あなたにお願い

この本の感想を、編集部までお寄せいただけたらありがたく存じます。今後の企画の参考にさせていただきます。Eメールでも結構です。

いただいた「一〇〇字書評」は、新聞・雑誌等に紹介させていただくことがあります。その場合はお礼として特製図書カードを差し上げます。

前ページの原稿用紙に書評をお書きの上、切り取り、左記までお送り下さい。宛先の住所は不要です。

なお、ご記入いただいたお名前、ご住所等は、書評紹介の事前了解、謝礼のお届けのためだけに利用し、そのほかの目的のために利用することはありません。

〒一〇一‐八七〇一
祥伝社黄金文庫編集長　萩原貞臣
☎〇三（三二六五）二〇八四
ohgon@shodensha.co.jp

祥伝社ホームページの「ブックレビュー」からも、書けるようになりました。
http://www.shodensha.co.jp/bookreview/

祥伝社黄金文庫

恋人《こいびと》がいなくてもクリスマスをワクワク過《す》ごせる人《ひと》の考《かんが》え方《かた》
——常識《じょうしき》を疑《うたが》うことから始《はじ》めよう

令和 元 年 10 月 20 日　初版第 1 刷発行

著　者　ひすいこたろう・石井《いしい》しおり
発行者　辻　浩明
発行所　祥伝社《しょうでんしゃ》
〒101－8701
東京都千代田区神田神保町 3－3
電話　03（3265）2084（編集部）
電話　03（3265）2081（販売部）
電話　03（3265）3622（業務部）
http://www.shodensha.co.jp/

印刷所　萩原印刷
製本所　ナショナル製本

　ISBN978-4-396-31768-3 C0130

「晴菜ちゃんっ、まだ着替えが終わらないのかい
 ――ヒッ」
「『晴菜』じゃない。わたしは『晴日』だ。いま着替え
 を覗いたら、『晴菜』のところへ殺しにいくからな」

「晴菜ちゃんっ」

「晴菜ちゃん、ごめんよぉ」

「晴菜」

「晴菜」「……」

「お願いですお父様、土下座します、これでなんとか
 ゆるしていただけないでしょうか。これも全部、
 幸田章……いや章様の……お、お、お慈悲がわたく
 しめに降ってくるのならば……謹んで、謹しんで、
 謹しんで頂戴いたします、なにとぞ、なにとぞ」

「土下座ってこういう意味じゃ、なかったような気も
 するけれどね――」

と、晴菜の頭上で溜息をつくのは、

晴日お父様

晴日お父様

晴日お父様

晴日お父様

晴日お父様

晴日お父様

ひとりごちつつ

ひとりごちつつ

株式会社要文庫